적당한 행복
적절한 불행

송재은

적당한 행복,
적절한 불행

책에 대하여

이 책은 2021년부터 2025년까지 뉴스레터 구독 포맷을 따라 정기적으로, 혹은 일정 기간 동안 연재했던 단편의 글들을 엮어 만들었다. 그래서 글마다 존댓말, 반말, 구어체, 문어체 등 그 말투가 각각 다르다. 이런 경우 보통 통일성을 갖추기 위해 원고를 수정했으나, 이번에는 약간의 혼란을 감수하고 원래의 말을 살리려고 했다. 연재 당시 인사말을 그대로 붙여 넣은 글도 있다.

제목에 대하여

지나친 행복에 지레 겁을 먹고 도망쳤던 날과 불행에 잠식당해 몸을 일으키지 못하던 날을 지나 배운 것. 불행을 오래 껴안지 말 것, 행복과 불행이 양립하지 못한다고 생각하지 말 것, 그리고 타인의 행복과 불행을 궁금해하지 말 것. 내가 불행을 견디는 방법은 간단하다. 불행이 행복을 쫓아내지 못하도록 둘을 연관 짓지 않는 것. 불행은 종종 이유 없이 행복을 밀어낸다. 울다가 웃으면 엉덩이에 뿔이 난다며, 방금 전까지 울고 있었는데 지금 갑자기 웃으면 안된다는 규칙 같은 걸 들이민다. 불행을 행복을 대가로 치르는 것 아닌 오롯한 불행으로 이해할 순 없을까. 인간이 붙인 이름에 묶인 둘을 서로에게서 자유롭게 하고 싶다. 그 둘은 성격이 전혀 다른 쌍둥이처럼 자꾸 같이 두게 될뿐, 분리해도 아무 일도 일어나지 않는다. 그게 내가 서른 해 동안 겪은 불행에서 깨달은 가장 좋은 사실이다.

차례

**삶을
궤도에 올리며**

교란하는 삶 8
새로운 기쁨을 위해 평화를 깨는 14
나는 나를 잘 모른다 20
잘 좋아하는 법 24
속수무책으로 지는 날에도 응원은 필요하다 30
한눈 팔지 않기 34
한때는 아이였던 어른 40
씨앗 뿌리기 48
삶을 긴축하지 않기 52

당신으로부터 배운 것들

고양이는 울지 않는다 58
타인은 나의 비밀을 안다 64
나라는 서사 68
좋아하는 것들의 목록 72
이름을 알려준 사람 78
계절의 허리께에서 우연히 발견한 것 84
괜찮은 사람 92
자신만의 길 98

충분한 시간이 있는 세계

시간이 해결해 줄 수 없는 것 106
내일의 문을 여는 법 110
나를 이해하고 용서하기 116
당신의 집은 어디인가요? 120
나라면 하지 않을 일 126
나에게 없는 것을 그리워하는 134
존재에 귀 기울이기 138

삶을 궤도에 올리며

교란하는 삶

아침이란 대체로 무미건조한 시간이다. 바라던 모습은 아니지만 그렇게 되었다. 아침에 일어나면 가장 먼저 해야 하는 일이 출근이었을 땐 주말 아침에 최대치로 끌어올려지는 행복이 주 5회 고통스러운 기상 미션에 의한 반동이었다. 이불 아래 구름같이 가벼운 내 몸보다 더 기분 좋은 것은 없는 나날이었다. 그런 시절은 가고 출근 없는 삶에서 나는 늦잠을 자도 행복이나 만족을 느끼지 않는다. 우리는 고통이 제거된 부분에서는 행복을 느끼지 않는다.

인생이란 예상치 못한 일들의 총합이라는 걸 이해하는 어른이 되긴 했지만, 주말이 기다려지지 않는 어른이 될 줄은 몰랐는데. 몇 년 전 회사를 나온 뒤에는 한동안 연애가 꾸준했다. 9 to 6의 직장에 다니는 애인들 덕분에 아침과 밤을 구분하기는 어렵지 않았고, 토요일과 일요일은 그들 덕분에 주말이었지만 지금은 아니다. 나에게 주말과 평일이란 차가 막히는 시간대의 차이만으로 계산될 뿐이다. 코로나가 찾아오지 않았더라도 크게 달라지지 않았을 일상. 바짝 조여진 아침의 긴장도, 압박에서 해방된 확장의 아침도 없다. 출근이 사라진 자리에 기대했던 주말의 기쁨은 연장되지 않았다. 기쁨과 슬픔이 없는 아침, 감정이 요동치지 않는 아침의 반복은 종종 평안하고 자주 무기력하다. 나사의 풀고 조임이 주는 당근 맛이 그리워지기도 하는 걸 보면, 채찍은 싫지만 아무래도 출근 후 맛보던 커피 맛은 영영 과거에 남아버린 것 같다.

얼마 전 인터뷰에서 슬럼프 관련 질문을 받았다. 나에게 슬럼프는 대체로 다음의 모양과 같다. 작고 작은 나라는 인간에게서 나오는 말은 고만고만해 보이고, 쓰는 글마다 뻔한 자기복제처럼 느껴진다.

"내가 나를 베껴 쓰고 있다니!"

이게 내 한계이고 나에게서 더는 새로운 것을 발견할 수 없을 것 같다. 나에게 기대하지 않는다. 기다리는 미래가 없으니 생기 있는 움직임이 차츰 줄어든다. 불안이 자라는 환경에는 자극이 없고, 나를 뺀 세상이 즐거움으로 가득 찼다는 증거가 알고리즘을 타고 일상을 장악한다. 아침에 눈을 뜨면 머리맡 휴대폰을 더듬더듬 찾아 시간을 확인하고 옆으로 비스듬히 누워 인스타그램 피드를 쓱쓱 밀어 올리다가 다시 한번 시간을 확인하고 침대에서 일어난다.

슬럼프를 어떻게 극복했는지 묻기에 움직였다고 답했다. 슬럼프에 대처하기 위해 의식적으로 움직이는 게 아니라 난 이제 끝이라는 생각이 들 때쯤, 물러설 곳이 없으니 이왕 망한 거 아무거나 하자는 마음으로 살게 되는 식이다. 적당히 불안하고 힘들 땐 시간을 쏟기 아까웠던, 그냥 해보고 싶었던 일들. 운전을 시작했다. 할 게 없어서 배웠는데, 운전이 하고 싶어서 일부러 마트에 장 보러 가고 친구들이랑 놀러 갈 약속을 잡기도 했다. 고여있던 삶이 다시 일렁였다.

　　　　불안의 크기가 정상 범위를 넘어설 때마다 나는 돌발 행동을 했다. 첫 회사를 그만두고 싶었을 때, 밤늦게 혼자 퇴근하다가 "아, 지옥 같다."라는 말이 튀어나왔다. 나도 모르게 한 말이어서, 나조차도 그때 깨달았다. 지옥인 줄 모르고 지옥에 살 수는 있어도 지옥인 걸 알고도 지옥에 남을 순 없었다. 나 자신에게 그 정도로 야박할 수는 없는 것이다. 불안이 일상을 넘어서면 화살이 향할 곳은 내가 아니다. 어떤 지점까지 그것을 내 탓으로 여기다가 망가지기도 하는 연약함은 내 것이다. 다행히도 삶은 지옥에도 적응하며 살아지는 것은 아니어서, 그 회사를 그만둔 것을 후회한 적은 없다. 세상엔 내가 할 다른 일이 많으니까. 내일이 찾아오는 게 기다려지지 않던 시절로 돌아가고 싶지 않다.

로빈 월 키머러의 <이끼와 함께>에는 이런 구절이 나온다.

"교란 빈도가 평균적인 중간 지대에서는 매우 다양한 종이 균형을 이루어 번성한다."

교란 없는 삶에 부재하는 건 기다림이다. 기대와 실망이 발생하지 않는 곳에는 기쁨과 슬픔이 없고, 방향성이 사라지며 움직임이 잦아든다. 지난 글쓰기 모임 수강생이 후기로 남겨주었던 말을 떠올린다. 그는 매주 글감과 피드백을 기다리는 마음이 선물처럼 느껴져 감사했다고 글을 남겼다. 기다리는 마음은 결과와는 상관없이 선물이 되는 모양이다. 긴장과 설렘으로 삶을 교란하고 싶다. 마감에 맞춰 글을 쓰고 스트레스 상승과 해소를 반복하는 사이에 나는 다시 궤도에 오른다.

우리는 고통이 제거된 부분에서는
행복을 느끼지 않는다.

새로운 기쁨을 위해 평화를 깨는

　　신나는 기색 하나 없이 배를 채우기 위해 컵라면을 먹다가 문득 나는 어쩌다 이렇게 재미없는 사람이 되었나 생각한다. 라면 먹는 게 그렇게까지 신날 일이 아니긴 하지만⋯ 그래도. 고작 컵라면 뚜껑을 뜯어서 고깔 모양 그릇으로 만들어 쓰지 않고는 못 배기던 천진난만한 어린 시절이 오늘의 나를 무색하게 만든다. 바로 입으로 옮기면 되는 걸 번거롭지도 않은지 그 작은 놀이에 즐거워서 어쩔 줄 모르는 아이였던 적도 있었는데. 이불을 책상 위에 덮고 그 아래 들어가 아지트라며 가슴 뛰던 먼지 뒤집

어쩐 애는 어디로 갔을까. 장난에 서툰 사람으로 변한다는 건 무서운 일이다. 무표정한 얼굴이 된다는 것도, 웃지 않는 날이 늘어난다는 것도.

나이를 먹을수록 웃음이 줄어든다고 한다. 영국 한 의과대학의 연구에서 어린아이는 하루 평균 500번 정도 웃고, 장년이 되면 이 웃음은 15~20번으로 감소한다고 했다. 삼 년 전쯤, 본가에 돌아와 방에서 혼자 쉬는데 거실에서 집이 떠나갈 듯한 웃음소리가 간헐적으로 들려왔다. 한두 번이 아니라 지속되기에 문을 열고 확인하니 부모님이 공중파 채널의 개그 프로그램을 보고 계셨다. 부모님은 아직 개그 예능을 즐겨보시는 것 같다. 나는 스무 살 이후로 텔레비전을 잘 보지 않지만, 부모님은 주말 밤이면 개그 프로를 보고 잠자리에 드신다. 왜 꼬박꼬박 챙겨 보는 걸까 의아했다. 대단한 맥락이 있는 것도 아니고, 작정하고 웃기는 것뿐인데 그게 유익한가.

'그저 웃기고 있을 뿐인데.'

다시 생각해 보니 그래, 그건 그저 웃기고

있을 뿐이니까.

친구는 미간 보톡스를 추천했다. "거기에 보톡스를 왜 맞는 거야?" 나는 물었다. "인상을 바꿔준대. 미간을 자주 찌푸리면 주름이 생기잖아. 근데 진짜 효과는 있지, 미간이 안 찌푸려지니까 짜증이 덜 나." 얼굴을 찌푸리지 못해서 짜증이 안 난다니 어처구니없지만… 예능인 노홍철은 지금은 종영한 예능 <무한도전>에서 "행복해서 웃는 게 아니라 웃으면 행복해져요."라고 광기 어린 표정으로 말한다. 혹한다. 보톡스. 미간 보톡스….

'세븐픽쳐스'라는 스타트업에서 잠깐 일했는데, 그들은 지금 영화 커뮤니티 <넷플연가>를 운영한다. 초기에 일손이 부족하다 해서 두 개 모임에 파트너로 참여했는데, 그중 한 모임 참가자 조합이 얼마나 웃겼는지 가서 웃고만 있으면 세 시간이 훌쩍 지나갔다. 직장은 아니지만 즐기는 입장도 아니니 노동의 일환이라는 생각으로 참여했는데 어느새 나는 '오늘도 웃으러 간다'는 마음가짐이었다. 그곳에 가면 분명히 웃을 테니까. 나는 이제 부모님이 왜 한불간 개그 프로그램을 그렇게 많이 보시는지 안다. 우리는 웃어야 하니까. 웃으면 복이 오는지는 몰라도 많이 웃은 날의 나는, 나를 좋아하기가 한결 수월하다.

　　　울타리를 벗어나 스스로 안정감을 유지해야 하는 날이 온 뒤부터 단조로운 일상이 깨지는 게 불안하다. 모래밭에서 뒹굴기 전에 옷이 지저분해지는 것을 걱정하고, 눈이 오면 다음 날 출근을 위해 일찍 잠드는 삶 뒤로, 평화란 얻어내야 하는 투쟁의 대상이 된 걸까. 무언가를 얻는 대신 차라리 잃지 않는 삶에 나를 묶고 어디로도 가지 못하는 날들을 허락한 걸까. 새로운 기쁨에는 새로운 규칙과 균형이 필요해서, 모든 것의 자리를 다시 잡아주고 익숙해지는 과정이 힘들어서, 즐거움을 거절할 만큼 평화가 궁한 사람이 된 걸까.

　　　나의 세계가 점점 작아진다. 지키려는 크기만큼의 세계만 남아 이제 그게 전부인 것만 같아서, 나는 지켜야 하는 것들로부터 도망치는 게 낫지 싶어졌다. 지킬 수 있는 만큼의 세계만 허락하면 그 공간은 너무 작아서, 사실 그 작은 평화 뒤에 남은 건 내 몸뚱아리 하나뿐이라 정말 포기해야 하는 건 하나도 없었다는 걸 금세 깨닫는다. 지키는 사람 말고 포기하지 않는 사람이고 싶다. 배수의 진을 치고 물러나는 대신, 지킬 만한 가치가 있는 사람들 곁에 계속 서 있고 싶다.

나를 뺀 세상의 전부가 나를 설레게 한다. 가진 것을 세어보는 일보다는 가지지 않은 것이 궁금해 즐거운 사람이기를 바란다. 영화 <예스맨>의 주인공은 말한다. "세상은 정말 큰 놀이터인데, 어른이 되면서 그걸 점점 잊어버리는 것 같아." 컵라면 뚜껑을 접어 그릇으로 쓰는 일로부터 오늘도 얼마든지 삶을 놀이터로 만들 수 있지 않을까.

새로운 기쁨에는
새로운 규칙과 균형이 필요해서,
모든 것의 자리를 다시 잡아주고
익숙해지는 과정이 힘들어서,
즐거움을 거절할 만큼
평화가 궁한 사람이 된 걸까.

나는 나를 잘 모른다

내 몸을 두고 이러쿵저러쿵 말하는 건 곤란한 일이다. 요즘은 '나도 내 마음을 모르겠다.'라는 말이 유행처럼 느껴질 정도로 다들 마음을 정성껏 돌보는 추세다. 몸은 실체를 가져서 어느 정도 눈으로 확인할 수 있기 때문에 우리는 눈에 띄는 변화가 없다면 대충 안심하고 산다. 사실 몸도 들여다보기 힘든 것은 마찬가지다. 먹고사는 일에 투입되는 하찮은 몸뚱이는 자주 존재 너머의 심오한 철학에서 배제되는 것처럼 보이지만, 나는 몇 년 전부터 마음보다야 겉과 속이 다른 몸이야말로 내 것이지만 말도 안 통하고, 정말 알 수 없다고 생각한다.

노화가 시작된 뒤에야 몸을 살펴보기 시작하면 고작 일이 년에 한 번 받는 건강검진으로 이상 증세를 미리 찾아낼 순 있는가에 의구심은 물론, 환자 친화적이지 않은 검진 소견의 정보 불균형으로 불안함은 커진다. 첫 건강 검진 때 의사 소견란에 '일반적이지 않은 무슨 무슨 소견이 보이니 다시 한번 내원하세요'라고 쓰여 있기에 검진 담당의에게 어떻게 할지 물어봤다. 그는 대수롭지 않게 당신 나이대 여성이나 직장인에게 흔한 증상이고 별것 아니니 문제 생기면 그때 다시 오라고 말했고, 나는 병원에서 내 눈높이와 공포심 정도에 맞춘 설명을 듣기란 불가능한 걸까 의문을 품는다. 의료진은 너무 많은 것을 알고 있으나, 비슷비슷한 몸을 가진 환자를 수도 없이 마주하며 대화가 필요하지 않다고 결론 내린 것처럼 보인다. 몸의 접근 권한이 온전히 나에게 있다는 생각은 들지 않는다. 내가 어떤 태도로 나의 몸에 대한 해석을 받아들이면 될지 병원을 나서도 여전히 잘 모르겠다.

언젠가는 접촉성 피부염이 생겼다. 제주도 카페에서 책을 읽다가 목과 팔꿈치 안쪽에 벌레 물린 것처럼 붉은 자국이 올라오고 무척 간지러워, 봄이지만 나는 이곳은 제주도라는 기적의 논리로 모기라고 생각하며 버물리로 하루를 보냈다. 다음 날 상태가 심각해지자 아빠는 모기일 리 없다며 나를 병원에 데려갔는데, 선생님은 풀밭이나 숲에 다녀오지 않았냐 물었다. 어제 잠깐 집 마당 풀밭에 설치한 해먹에 누웠던 게 생각났다. 설마 그 잠깐 사이에, 게다가 해먹을 처음 사용한 것도 아닌데 갑자기 벌레 털 알레르기가 올라온다니 이 정도면 변덕 심하고 연약한 몸뚱이로 집 밖에 나가는 게 점점 공포스럽다.

오늘은 없었던 알레르기가 내일은 생기는 자연의 신비가 몸 안에 있다. 해가 지날수록 늘어나는 알레르기 개수뿐만이 아니라, 나는 입맛에도 영 자신이 없다. 귤 까먹는 귀신이었던 스물여덟 살까지의 나는 사라지고 서른 살의 나는 더 이상 겨울이 찾아와도 귤을 10킬로 단위로 주문하지 않는다.

엄마는 여전히 내가 사과를 좋아하는 줄 알고 제주도에 내려가면 아침마다 사과를 깎아주지만 나는 한 조각도 먹지 않고, 겉절이 대신 깍두기를 달라고 말한다.

     왜 귤이 더 이상 당기지 않는 건지 알고 싶은 마음은 부질없다. 나를 다 이해하려는 것도 마찬가지다. 삼십 년을 살아도 몸도 마음도 여전히 잘 모르지만 몸의 변화가 몸의 것만이 아니라는 사실은 안다. 몸과 마음은 동시에 앓는다. 새로운 알레르기를 얻고, 별의별 염증으로 몇 번씩 병원에서 항생제를 받아올 때마다 나는 그 약이 마음을 낫게 해주면 좋겠다고 생각하곤 했다. 몸이 나으면 기분이 덩달아 좋아졌으면 좋겠다고. 어쩌면 그래왔는지도 모른다. 몸이 덜하면 마음이, 마음이 덜하면 몸이 더하면서 사는지도 모른다. 몸과 마음을 이러쿵저러쿵 말하는 건 곤란한 일이다. 내가 나를 잘 설명하기 어렵기 때문이다. 그냥 나는 그때그때 몸과 마음의 균형 따라 달라지는 사람이다. 다 알려는 부질 없는 노력을 하는 내일은 또 조금 다른 사람.

잘 좋아하는 법

 아빠가 제주도에 있을 때는 아빠를 자주 찾아갔다. 자기 전에 옆에서 스마트폰으로 유투브를 보는 아빠를 쳐다보다 문득 "아빠는 재미있어?" 물었다. 답이 없어 다시 물었다. "사는 거 재미있어?" 조금 큰 목소리로 조금 더 정확하게. 아빠는 잠시 생각하더니 무덤덤하게 (재미) 없다고 답했다.
 "색소폰은? 그것도 재미없어?"
 겁이 났다. 아빠의 취미가 아빠를 생각만큼 행복하게 해주지 못하는 걸까. 그때의 나는 내 인생도 재미없는 주제에 아빠가 사는 게 재미없으면 어쩌지 걱정했다.

"색소폰은 재미있지."

"재미있어? 그거 하면?"

"응. 근데 재미있는 일 같은 건 별로 없지. 그런 건 잘 없어."

"응. 그런 것 같아. 이제 재미는 잘 없는 것 같아."

고개를 돌리고 각자 하던 일로 돌아간다. 아빠를 다시 쳐다본다.

"근데 나 운전 재미있어. 운전 좋아."

2020년 초, 사는 게 또다시 재미없을 무렵에 운전을 좋아하게 됐다. 시간 아깝고, 위험해서 무섭고, 기름값이나 유지비를 생각하면 정말 하고 싶지 않은 일이었는데, 지금은 운전 유튜버라도 되고 싶을 정도로 좋아한다. 제주도에서 지낼 땐 집이 시내와 거리가 있어 식당이나 카페, 마트에 갈 때 무조건 차를 타고 나가야 했다. 필요에 의해 시작했지만 새로운 역할을 얻었다. 운전자로 사는 것. 운전자의 입장에서 세상을 바라볼 수 있게 된 나는 전혀 모르던 운전대 앞의 삶, 삼십 년 가까이 가져본 적 없는 탁 트인 네모난 프레임이 좋아졌다. 보행자로 살면서 볼 수 없었던 미지의 영역을 알아가면서 내가 알던 규칙과 질서를 다른 입장에서 다른 방식으로 정렬하는 법을 배운다. 나는 횡단보도를 건너며 운전자의 마음을 헤아릴 수 있는 사람이 된 것이다. 매번 나를 데리러 오고 데려다주던 사람들을 태울 수 있다는 부채감의 해소에 신이 나기도 했다.

정은의 에세이 <커피와 담배>에서 그녀는 커피와 담배만 있으면 되는 사람 같다. 삶에서 나가떨어져도 커피와 담배만 구해다 주면 언제든 궤도 위로 올라올 수 있는 삶을 산다. 흡연하는 마음이란 알 수 없지만, 커피와 담배를 찬양하는 그녀의 말을 들으며 나는 자주 휴식을 떠올렸다. 이 사람에게 커피 마시고 담배 피우는 일은 그 자체로 큰 위로이자 안정 같아서 나에게는 무엇이 커피와 담배가 될 수 있는지 몇 번이고 곱씹어보곤 했다. 진정한 휴식이란 아무것도 하지 않는 게 아니라 좋아하는 것에 푹 빠져있는 상태가 아닐까. 언제든 나를 위기에서 구해주는, 그 안에 머무는 동안 평안을 얻을 수 있는 것.

좋아하는 건 감정의 영역이 아니라 노력 뒤에 오는 능력이나 깨달음에 가깝다고 생각한다. 우리는 종종 좋아하는 마음은 자연스럽고 확실하게 찾아온다고 믿는다. 그러니까 그 마음은 헷갈릴 리가 없는데, 아직도 뭘 좋아하는지 잘 모른다는 사실이 겁이 나서 취향이 확고한 사람을 부러워한다. 나는 무언가를 충분히 좋아할 수 있을 만큼의 시간을 보낸 적이 있을까. 그 대상이 나에게 미치는 작용을 이해하고, 그 안에서 충분한 위안을 얻으리라는 확신을 가질 수 있는 충분한 시간을.

마음 깊이 좋아하는 대상이 있었으면 싶은데, 마음이 조급해서 시간 쓰는 걸 아까워하곤 했다. 단단한 취향을 가진 사람이 되고 싶지만 지금 내 상황에 무언가 배울 여유가 있는 것 같지도 않아서 좋아하는 마음이 빠르고 쉽게 생기길 바랐다. 취미를 붙이듯이 빨리 좋은 친구가, 좋은 연인이, 좋은 무언가가 되고 싶은 마음도 함께였다.

　　　　운전을 하며 나를 쉬게 해주는 건 아무것도 안 하는 시간이 아니라 집중하는 마음이라는 걸 알았다. 운전대를 잡으면 우선순위가 확실해진다. 다른 것에 신경 쓸 겨를이 없어 홀가분하다. 다른 생각을 지워주어서 자주 운전대를 잡았고, 창문을 내리고 바람을 맞았다. 구획에 맞추어 깔끔한 주차를 하는 쾌감은 보너스 같았다.

　　　　좋아하는 마음이 확실하지 않아도, 잘 모르겠어도 괜찮은 것 같다. 시간이 많이 필요한 일이니까. 아직 잘 좋아하지 못해도, 잘 알지 못해도, 결국 좋아하지 않는 것으로 밝혀지더라도 내가 무엇을 좋아하는지 알기 위해서는 시간에 비례하는 경험이 필요한 것뿐이다. 평화와 안정을 위해, 주변에 휘둘리지 않을 정도의 믿음과 신뢰를 얻기 위해.

좋아하는 건 감정의 영역이 아니라
노력 뒤에 오는 능력이나
깨달음에 가깝다.

속수무책으로 지는 날에도 응원은 필요하다

메이저리그 명예의 전당에 오른 포수 요기 베라는 말했다. "끝날 때까지 끝난 게 아니다." 이 말은 드라마나 예능 등 이곳저곳에서 쓰여서 야구를 보지 않는 사람도 많이 알고 있는데, 정확한 맥락은 9회 말 2아웃 상황에서 무한한 역전극을 벌여온 야구라는 스포츠의 묘미를 뜻하는 것이다. 그게 왜 야구의 전유물 같은 명언인지는 아다치 미츠루의 야구만화 <H2>의 대사를 빌어 다시 한번 설명할 수 있다. 주인공 쿠니미 히로는 야구를 무시하는 축구부에 만루 홈런을 친 후에 말한다.

"타임아웃이 없는 시합의 재미를 가르쳐 드리지요."

야구는 끔찍하리만치(아름답다) 거대한 카타르시스를 가진 스포츠다. 마운드에 오른 투수와 배터리 포수의 사인, 벤치에서의 작전, 그 뒤를 지키는 7명의 수비수, 그 사이에 노림수를 찾는 상대 타자와의 대결에는 고요한 긴장이 똬리를 틀고 있다. 매회, 매 타석 폭풍전야처럼 입이 탄다. 이닝을 거듭해 승기가 기울어진다고 해도 선수들과 팬들은 포기하지 않는다. 더 큰 소리로 노래한다. 더 간절하게 노래할 뿐이다. 긴 경기 시간, 정규 시즌만 팀당 144경기라는 너무 많은 게임 수에도 불구하고 야구를 좋아하는 건 그 위에 쌓이는 서사가 있고, 우리가 분명 한 팀으로 그 여정에 임하기 때문이다.

최근 직관한 경기에서는 우리 팀이 졌다. 이왕 간 김에 이기면 좋기야 하겠지만, 나는 한 경기 한 경기에 일희일비하진 않는다. 속수무책으로 지는 날에도 응원은 필요하다. 이 레이스는 장기전이다. 우리는 144경기를 치르고 있고, 오늘 하루가 우리의 패배를 결정짓지 않는다. 승패에 따라 선수들을 평가하고 비난하는 것이 팀의 역할은 아니다. 게다가 패배를 함께 이겨낼 수 없다면 팀의 일원이 될 수 없다. 그게 팀 스포츠의 가슴 떨리는 아름다움이다.

명언 제조기 요기 베라는 이런 말도 했다. "어디로 가고 있는지 모른다면 결국 가고 싶지 않은 곳으로 가게 된다." 스포츠의 목표는 확실하다. 우승. 하지만 그 안의 우리는 어떤가. 작은 것에 매몰되어 목표를 잃고 헤매지 않나. 내일을 위해 져줘야 할 오늘이 있다는 걸, 오늘의 패배가 우리의 패배를 뜻하지 않는다는 걸 잊지 않다. 투수도 타자도 지금 당장의 성적에 쫓기다 보면 자신의 역할과 개성을 잃고 망가진 폼과 부서진 멘탈로 벤치에 앉아 있다가 슬럼프를 극복하지 못하고 2군으로 내려간다.

오늘 하루의 성적에 매몰되어 겨우 내 발끝만 보이는 날이 있다. 망한 오늘 하루가 앞으로 펼쳐질 전부인 것만 같다. 좋은 날은 다 갔나. 아니, 그런 날이 있긴 했나. 기억이 잘 안 나는데, 그렇다면 거기로는 어떻게 돌아갈 수 있는 거지. 얼마나 힘을 내야 하지. 아니, 힘을 낸다고 되는 거긴 한가. 나를 시배하는 생각에는 힘이 있어서, 그 밖으로 나가기는 쉽지 않다. 삶은 본인이 상상하고 노력하는 것 이상을 주지는 않는 법이다.

하지만 하루, 한 달, 일 년, 한 시즌, 한 리그 단위의 승패 굴레를 씌우는 것은 누구인가. 아주 긴 레이스의 한 편린에 불과한 순간에 점수를 매기고 그 안에 갇혀 울고 웃는 것은 왜인지 돌아볼 일이다. 우리는 어디로 가고 싶은지만 잘 알고 있으면 된다. 이 모든 것은 여정일뿐이다. 그곳에 내일 당장 도착할 수 없으리란 것, 오늘 받은 것이 마지막 성적표가 아니고, 아직 시간은 많이 남았다. 그것이 스포츠와 닮은 모든 일에 해줄 수 있는 말이다. 속수무책인 오늘에도 응원이 필요한 이유다.

한눈 팔지 않기

야구 예능 프로에 나와 은퇴 후 다시 한번 주목을 받은 김성근 감독은 말했습니다. "돈 받으면 프로다." 저는 요즘 야구 경기를 꼬박꼬박 챙겨보고, 야구 예능과 만화 보는 것을 낙으로 살아가며 '프로'라는 말을 골똘히 생각하곤 합니다. 어떤 회사에서는 서로를 프로라고 부른다고도 하지만, 제가 고민하는 것은 호칭으로서의 프로도, 아이폰 프로도, 티비 프로도 아닙니다.

프로는 '잘하는 것 이상의 결과를 보여주는 것', '몸담은 분야에서 뛰어난 사람이 되는 것',

'실력으로 모든 것을 증명할 수 있을 때까지 각고의 노력을 하는 것', 무엇보다 '인정받는 것'이라는 생각을, 프로 야구 선수들을 보면서 합니다. 누군가가 아주 어린 시절부터 인생을 걸고 해온 것, 차곡차곡 쌓인 눈물과 땀에는 감동이 있습니다. 한국 사람들이 퀸 '김연아'를 보며 느끼는 감동을 저는 야구장에 서 있는 수많은 선수로부터 느끼곤 합니다. 야구장 불펜에 모여 시시덕거리는 그들을 보다가도 열정적으로 소리 지르며 한 타석, 한 피칭에 간절하게 울고 웃는 것이 저는 좋습니다. 프로의 삶에는 감동이 있습니다.

      모두가 프로가 되고 싶어 하지는 않을 거예요. 마치 승진을 하고 싶지 않았던 어느 사원 시절의 송재은처럼요. 스물일곱의 송재은은 처음 정규직 사원이 됩니다. 인턴도 해보고, 정규직 제안을 받고도 탈출했던 당시의 저는 두 번의 인턴 경험으로 압박이 없고, 워라밸이 존재하며, 저의 자아와 관계성이 짙은 분야를 선택하고 싶었어요. 이름값 있는 회사에서 일하는 것도 저를 기쁘게 할 수는 없다는 걸 깨달았고요. 온라인 매출 1위라는 걸 내세우는 대형 서점 도서 MD 직함은 글 쓰고 출판하는 일을 시작한 저에게는 값진 이름이었습니다. 하지만 저는 내가 나인 것이 상관없는, 원하지 않는 눈치를 볼 만큼 회사가 간절하진 않았던 것 같습니다. 물질적인 것을 지키기 위해 오늘의 저를 잃어야 한다면 저는 그걸 포기할 준비도 되어있던 것 같습니다. 당시의 저에겐 프로가 되고 싶어지는 일이 없었습니다. 남의 책을 파는 것도 결국 반드시 나라는 사람이 필요한 일이 아니라는 생각이 드니 시들해졌습니다.

      기자가 되고 싶었던 적도, 영화평론가가 되고 싶었던 날도 있지만 대학을 졸업할 무렵 저는 무언가 되고 싶다는 강한 충동은 느끼지 않게 되었습니다. 졸업 후엔 도망치듯 두 달 동안 배낭여행을 가버렸고요. 오래 남은 것은 그저 글을 쓰고 싶다는, 작가가 되려는 마음은 아니었던, 은은한 취향뿐이었어요. 그러나 그것은 너무나도 저로 존재하는 일이었습니다. 제게는 당장의 내가 이해할 수 없는 미래의 필요를 위해 움직일 열정도, 인내도 없었습니다.

돌아와서는 취업을 하기도 했지만 결국 그만두고 여행지에서 쓴 글과 찍은 사진으로 책을 만들었습니다. 다시 취업하고도 계속 카페에 가서 글을 썼습니다. 다시 퇴사할 무렵엔 출판사와 계약을 했고요. 물론 어떤 확신이 있어서 퇴사하는 건 아니었습니다.

　　미지근한 관심들을 계속 가진 채로 이런저런 흥미로운 일을 하며 여러 점을 찍는 삶을 살았습니다. 그것들은 서로 연결되기도 하고, 그저 외로운 점 하나로 남겨져 쓸모없는 경험이 되어가는 것 같기도 했습니다. '프로'라는 건 여전히 저와는 거리가 멉니다. 열정이 없는 사람이야 있겠지만, 저에게 열정이란 인내와 무척 가까워서 저는 인내 없는 사람으로 오래 살았던 것 같습니다. 그런 와중에도 사람들이 견디고 사는 모습을 보며 저는 제 삶에 옅게 깔린 패배감을 느꼈습니다. 무엇이 되고 싶은지 모른 채 시간을 보내는 동안 그런 생각을 했습니다.

　　길을 잃은 것 같은 때는 언제 길을 잘못 들었나 기억을 되짚었습니다. 하지만 잘못 든 길이라는 게 있을까요. 나라는 사람의 합이 결국 하나의 길을 만드는 것 같습니다. 늘 그 순간에 최선이라고 믿는, 그 믿음을 만든 평생에 걸친 나. 그러니 살아보지 않은 삶에 비교와 만약을 대입하고 싶진 않습니다. 조금 늦었지만 저는 이제야 프로가 되고 싶습니다. 지난 며칠 동안 제가 해온 일들을 오래 생각했고, 이제 어떻게 나아갈 것인가 방법을 찾기 위해 지난 작업을 들추었습니다. 그것들을 아주 잘하고 싶다는 충동을 느낍니다. 여태 쓰지 않은 인내를 가득 부어 채우고 싶습니다. 관심과 작은 즐거움 때문이 아니라, 오래오래 잘하고 싶고, 인정받고 싶은 마음을 찾은 것 같아요. 일이 힘든 게 아니라 잘하지 못해 힘들고, 이 어려움을 해결하고 싶은 마음이 간절한 기분입니다. 인정 욕구가 크지 않았던 저에게 프로 스포츠 선수들은 귀감이 됩니다. 지나간 공에 연연하지 않고 지금 내가 해야 하는 일에 집중하는 모습에서 내가 얼마나 한눈을 팔아왔는지 깨닫습니다. 휘둘리지 않는 사람만이 가고자 하는 곳에 도달할 수 있다는걸요.

미지근한 관심들을 계속 가진 채로
이런저런 흥미로운 일을 하며
여러 점을 찍는 삶을 살았습니다.

한때는 아이였던 어른

1

알폰소 쿠아론 감독의 2006년 작 칠드런 오브 맨은 2027년 인류의 불임을 배경으로 한 디스토피아 영화입니다. 지금이 2025년이니 얼마 안 남았네요. 아이의 부재와 희망으로 만들어진 이야기인데, 여러 영화와 드라마에서 아이에게 비유한 희망을 쉽게 발견할 수 있습니다. 워킹데드, 쉰들러리스트, 시녀이야기… 셀 수 없이 많은 이야기에서 아이의 소중함을 소재로 듭니다. 아이가 살 수 없는 환경이 디스토피아의 조건 중 앞서 떠오른다는 뜻이기도 하겠죠. '생명'이 없는 세계 말이에요.

  20대의 저는 아이를 갖는 것을 긍정적으로 생각하지 않는 사람이었습니다. 세상에 존재하지 않는 대상을 미리 사랑할 수 없다 생각했고, 존재하지 않는 대상을 낳고 싶다는 생각은 더더욱 하기 힘든 것 같았습니다. 제 인생이 영영 바뀔 거라는 생각도 영 달갑지 않습니다. 길고 긴 물리적 고통을 인내해야 한다는 것도, 제 몸이 영영 달라질 거라는 것도, 제 인생이 이전과는 같지 못하리라는 것도요. 아무것도 장담하지 못하는 돌이킬 수 없는 변화는 아무래도 제가 원하는 건 아니었습니다. 사회가 '애 엄마'에게 주는 '당연한 이미지'와 역할수행에 대한 압박에는 반박하고 싶었어요.

  다양한 사람과 이야기를 나누고, 여러 경험을 하면서 조금은 '아이를 갖는 일'의 좋은 면도 볼 수 있게 되었습니다. 이제 아이가 있는 삶도 좋을 것 같고, 여전히, 없는 삶도 좋겠다고 생각합니다. 다만 야구장에 갈 때면 아이와 함께인 기분이 무척 궁금하고, 부럽습니다. 아이를 위한 행사가 많아서 그럴

까요. 친구도 조카 데리고 와서 캐릭터 콜라보 유니폼 사주고 싶다고 그러거든요. 저는 현재 조카가 12명 있고, 더 늘어날 예정입니다.

2

피아노 선생님에게는 초등학생 딸이 있습니다. 제 아이폰을 보시고는 딸아이가 아이폰을 가지고 싶어 한다고 이야기하셔서, 조금 긴 대화가 시작됐어요. 저는 어린 시절에 스마트폰이 없었던 걸 감사하게 생각합니다. 조금 더 늦었더라도 좋았겠다는 생각도 듭니다. 성인도 쉽게 중독되는 스마트폰의 여러 기능과 어플들에 어릴 적부터 노출되었다면 저에게 남은 좋은 경험과 기억들이 온통 자극적인 영상과 이미지, 잘못된 정보로 대체되었겠지요.

이야기는 더 이어져 학원으로 넘어갑니다. 선행학습은 해가 갈수록 당연한 것이 되어간다고 합니다. 예전에는 10점을 맞는 학생부터 100점을 맞는 학생까지 다양한 아이들이 한 반에 고루 있었다면, 요즘은 80점 아래를 맞는 아이가 거의 없다고 합니다. 그래서 학원을 안 보낼 수 없고, 아이들끼리 학원 생활 이야기를 많이 하고 거기에서 친구를 사귀니 더더욱 보내야 한다는 거예요.

친구에게 이 이야기를 했더니 저희 때만 해도(1990년대) 형제가 있는 아이들이 더 많았어서, 아이에게 개성을 허락할 수 있었던 게 아닐까 합니다. 지금은 아이가 하나뿐인 집이 많으니 더 귀하게, 더 보수적으로 키우게 되는지도 모릅니다. 요즘은 비정상인 아이들 속에 정상인 아이들이 치이며 살아가는 시대가 될 거라는 말도 듣곤 합니다. 그렇다면 그때는 정상의 개념이 달라질 수도 있겠네요. 아무튼 요즘은 아이를 키우는 일이 너무 복잡하고 위험하게 느껴집니다.

3

인터넷에서는 종종 이런 글을 발견합니다. '능력이 안 되면 아이 낳지 마라.' '경제적으로 풍족하지 않으면 아이만 힘들다.' 등. 저는 이런 이야기를 하는 사람들을 '무례하고 오만하다'라고 생각합니다. 그 말에 담긴 기준은 삶의 모든 문제를 돈으로 수렴시키는 것뿐인 것 같습니다. 타인의 삶, 그리고 자신의 삶을 그런 식으로밖에 바라보지 못한다는 것이 안타깝습니다. 저는 그보다는 아이를 좋아하지 않는 사람이 아이를 낳으면 안 된다고 생각합니다. 마음에 사랑이 가득한 사람들이 아이를 가졌으면 합니다. 한 생명은 결코 돈으로 책임져지지 않으니까요.

      이상합니다. 산다는 것은 가슴 뜨거운 일이 아닌가요. 삶의 감동과 수많은 아름다움을 발견하는 기쁨이 산다는 것이고, 아이를 갖고, 그 아이와 살아간다는 건 이제껏 알지 못한 새로운 삶의 온도를 온몸으로 만끽하고자 하는 열정이 아닌가요. 자본이 무척이나 필요한 대도시의 삶과는 다른 다양한 삶의 방식과 여러 가치가 있다는 것을 이해하지 못한다면 삭막한 풍경의 쳇바퀴 속에 또 다른 생이 내던져질 뿐이 아닌지 저는 오히려 묻고 싶습니다.

      아이와 함께하는 삶은 여전히 잘 모르겠지만, 저는 삶이 뜨겁기를 바랍니다. 일상이 왁자지

껄하기를 바라기보다는, 그 소란스러움과는 상관없이 삶에 열정이 있기를 바라고, 다양한 가치를 발견하고 고민하며 옳은 것의 손을 들고, 가능한 많은 아름다움을 보고 기억할 수 있는 사람이 되고 싶습니다. 지금의 제가 할 수 있는 일은 좋아하는 것을 더 좋아하고, 다채로운 이야기가 담긴 책을 만들고, 제 글을 쓰고, 조금 더 마음을 열어 사랑하는 것입니다. 저는 아이였고, 제 안에서 여전한 그 아이가 계속 잘 자라기를 바랍니다. 만약에 제 아이가 생겨도 마찬가지일 거예요. 그 아이의 삶이 자신만의 방식으로 기쁨과 슬픔을 견디고 그로부터 삶의 아름다움과 가치를 발견하는 일로 이어지기를 바랄 것 같아요. 그리고 저에게 그런 삶을 지켜줄 각오가 있으면 좋겠습니다.

4

이제는 보지 않는 그 사람은 저에게 "너는 너무 이상적이야"라고 말했었는데, 당시엔 그 말이 저를 움츠러들게 했지만 역시 저는 그런 제가 좋습니다. 낭만에 지배당하는 허황한 정신머리가 마음에 듭니다.

5
 제 친구는 지구가 곧 망할 것 같아서 아이를 못 낳겠다고 했는데, 그럴 수도 있겠다는 생각을 합니다.

저는 아이였고,
제 안에서 여전한 그 아이가
계속 잘 자라기를 바랍니다.

씨앗 뿌리기

소설을 쓰고 있습니다. 얼마 전에는 한 편의 소설을 사람들 앞에서 낭독했습니다. 제가 서 있던 무대 맞은 편에는 다른 무대가 있습니다. 중간에 자리를 비우거나 조는 사람도, 낭독자를 바라보거나 내내 책에만 시선을 고정하는 사람도, 사진을 찍거나 잠시 눈을 감은 사람도 모두 무대에서 제 역할을 하는 것 같습니다. 각자의 삶을 그런 방식으로, 사랑하는 역할을요. 읽고 듣는 아름다운 풍경을 바라보자면 가슴이 벅찹니다. 사람들은 어째서 이런 것을 사랑하는 걸까. 그것이 자신을 알게 하기 때문에?

어떤 변화는 눈에 보이지 않습니다. 아니, 대부분의 변화가 사실은 눈에 보이지 않고, 우리는 아주 긴 시간에 걸쳐 일어난 그 일을 종종 발견하는 것뿐인 게 아닌가요. 그것들은 우리가 눈치채지 못하도록 아주 작고 투명한 형태를 취하고 있습니다. 사람의 마음에 관한 것이라면 변화는 본인조차 모르는 채 이루어지다가, 어느 날 갑자기 우리가 과거와는 너무도 다른 사람임을 느끼게 합니다. 이곳에 서서 글을 읽는 오늘의 내가 되기까지 삼십 년이 넘게 걸렸다니, 변화라는 이름의 성장이란 역시 신비롭습니다.

글을 쓰며 이야기 속을 가장 먼저 거닐 수 있는 사람의 특권으로, 그 안에 어떤 씨앗을 심을지 고민할 때 사소한 변화가 일으키는 파동을 상상했습니다. 아주 작은 파동이 멀리 고요하게, 크게 퍼져나가듯 그 움직임이 멈춰버린 삶 구석구석에 닿을 수 있지 않을까 바라는 마음으로요. 반복하는 일상에서 조금 무뎌지는 것이, 덜 신경 씀으로써 스트레스를 줄이고, 삶을 냉소적으로 대하는 것이 우리를 예정

된 상처로부터 보호해 줄 수는 있겠으나, 그렇다면 우리는 자신의 삶에서 스스로를 소외시키게 되지 않을까요.

    하루하루의 모습이 크게 달라 보이지 않지만 자세히 들여다보면 하루 새에 많은 것이, 아주 조금씩 변했고, 어느 날 문득, 우리는 그 풍경이 무척이나 달라졌음을 느낍니다. 겨울과 봄 사이의 변화는 다소 극적으로, 감탄과 경이를 일으킬지도 모르겠습니다. 하지만 녹음 짙어지는 봄과 여름 사이엔 초록의 미묘한 성장과 짙어진 습도, 풍요로운 냄새로 시간의 흐름을 느낄 뿐입니다. 볼 수 있는 것이 아니라 감지할 수 있는 것으로요. 계절에는 삶을 환기할 계기가 있습니다. 그 계절이란 네 개 이름으로 이루어진 것이 아니라 피고 지는 꽃, 낮과 밤의 시간, 나무의 성장, 공기 중에 실려 오는 냄새로 느껴지는 변화의 총칭이자 총합입니다. 그런 미묘함을 발견해 가는 여름이기를 바랍니다.

    씨앗을 뿌립니다. 이미 피어난 것들이 새삼스러운 여름입니다. 뿌려진 씨앗 그 어떤 것은 발아하지 못해도, 어떤 것은 훌륭하게 피어날 테고, 서로 어울려 매번 변수를 만들어 내겠지요. 우리의 삶에 씨앗이 많이 뿌려지기를 바랍니다. 보물찾기하듯 두리번거리며 걷기도 하고, 마음이 원하는 일을 하는 데에 인색하지 않기를, 그렇게 자연스레 달라지는 풍경들 속에 몸과 마음을 던져 삶을 꽉 껴안을 수 있기를 바랍니다. 무엇이 피었고, 무엇이 피지 않았는지 따져보는 대신 오늘의 아름다움을 발견하기를 바랍니다.

계절을 말할 땐 왠지 기쁜 마음이 됩니다. 입으로 발음해 보아도 예쁜 단어들뿐입니다. 수많은 가지와 잎사귀가 언제 어떻게 자랐는지 다 설명할 순 없지만 그것이 하나의 나무이듯, 눈에 보이지 않는 작은 선택과 변화가 시나브로 울창한 숲이 되어 우리가 서로의 삶을 거닐며 그 그늘에서 쉴 수 있으면 좋겠습니다.

삶에 시니컬해지지 마시기를, 선택하고 변화하고 발견하시기를 바랍니다.

삶을 긴축하지 않기

집 근처 아트센터에 콩테 초상화 수업을 들으러 다녔습니다. 그림을 배워야겠다는 생각이 아니라, 무엇이든 해야겠다는 생각이었어요. 하지만 2개월 남짓 수업을 듣고는 그만두었습니다. 배우고 싶지 않아서가 아니라, 우선순위가 아니었기 때문에요. 이럴 시간에 다른 일을 더 해야 한다는 부담이 들기 시작했거든요. 일이 잘 풀리지 않을 때, 무언가가 제대로 굴러가지 않는다고 느낄 때, 어딘가에 책임을 묻고 싶어지는 것 같습니다.

무기력은 열심을 끌어내려 면박줍니다.

일어나지 못하는 자신이 덜 한심스럽도록요. 그런 거 열심히 해서 무슨 도움이 되는데? 당장 네 일은 잘 하고 이런 걸 하는 게 맞지 않아? 제대로 해내지 못한 일들에 대한 죄를 묻고 처벌하는 방법으로 일상을 긴축하게 합니다. 그렇게 해서 취미와 휴식은 억울하게도 한동안 자리를 비워줘야 합니다. 무기력을 부추겨 이런 일을 꾸민 건 불안일 겁니다. 불안은 건강한 동기부여 대신 좋아하는 것을 볼모 삼아 우리를 움직이려 합니다.

  콩테를 그만두고 제 일상이 더 높은 효율과 합리성을 얻었느냐 묻는다면 결국 그렇지는 못했습니다. 일주일에 겨우 두 시간 반이었던 그 몰입은 어디로 갔는지 잘 모르겠어요. 엄한 대상이 대신 책임을 진 것일뿐입니다. 콩테를 위한 시간은 늘 있고, 일을 위한 시간은 충분했는데 저는 영 집중하지 못했습니다.

  콩테 수업 첫 시간엔 주구장창 선을 그었습니다. 손목을 쓰지 않고, 손에 힘을 빼고, 힘 조절을 할 수 있게 될 때까지, 일반 켄트지보다 오백 원

정도는 더 비싼 스코틀랜드지의 왼쪽 끝부터 오른쪽 끝까지 죽 선을 긋습니다. 힘을 빼고 가늘고 연하게 선을 긋는 일이 되었다가 안되었다가 합니다. 힘을 뺄 수 있었다가, 어떻게 그렇게 할 수 있었는지 기억이 잘 안나기도 해요. 하지만 계속 긋다보면 좋아질 겁니다. 선생님도 긋다보면 다들 어쩐지 어느새 잘 하고 있더랍니다. 저도 그럴 수 있겠죠. 세상의 법칙이 저를 피해갈리 없으니까요. 몸이 기억하고, 언젠가부터는 의식하지 않고 하게 되겠지요.

바쁘면 더 바쁘게 살고, 게으르면 더욱 게을러집니다. 어떻게 회사를 다니면서 외주 작업을 받고, 개인 사업을 이어가면서 취미 생활까지 했는지 모르겠습니다. 신기하게도 시간은 긴축하면 늘어나는 것이 아니라, 쓸수록 늘어납니다. 삶에 열심히 임하면 시간에 이자를 붙여 돌려받는 것 같습니다.

삶을 긴축할 필요는 없다고, 또 다시 이런 일을 겪을 미래의 저에게 말해주고 싶습니다. 시간과 가치, 효율을 저울질 하지 않고, 무언가를 포기하지 않아도 된다고요. 잘 사는 것은 잘 되었다가 안

되었다가 합니다. 부지런하게 살 수 있었다가, 어떻게 그렇게 할 수 있었는지 기억이 잘 안나기도 합니다. 하지만 선긋기가 시나브로 초상화가 되듯, 1에서 갑자기 100이 되기를 꿈꾸는 것이 아니라 2, 3, 4, 5⋯ 세다보면 어느새 100에 도착하게 되겠지요.

당신으로부터 배운 것들

고양이는 울지 않는다

우리 집에는 고양이가 있다. 2013년 여름, 오빠가 군부대에서 어미 잃은 길고양이 한 마리를 데리고 왔다. 나는 이제 집을 나와 산 지 몇 년이 지나 더 이상 고양이와 같이 산다고 말하기 어려운 수준이지만 아무튼 고양이를 키운다고 말하고 다닌다. 부모님 집에 있다고 머쓱하게 설명을 덧붙이면서. 그리고 이 글은 고양이 이야기가 아니라 사람 이야기다.

    삶에 고양이를 들인 뒤로 고양이가 잘 보인다. 유난히 내 곁을 맴도는 것 같다고 느끼기도 한다. 아는 만큼 보인다더니. 관심의 크기는 일상에서 대상이 나타나는 빈도를 늘린다. 늘 그 자리에 그만큼 있었을 텐데도. 부모님 집 앞 마당에는 고양이가 많다. 밥을 주면 까치와 고양이가 경쟁적으로 밥을 먹는다. 부모님이 일 년 동안 제주살이를 하셨던 단독주택에도 밥을 먹으러 찾아오는 노랑이가 있었다. 지금 사는 성북동 언덕 집 주변의 골목에도 고양이가 많다.

연휴를 맞아 오랜만에 본가에서 하룻밤을 보냈다. 새벽 다섯 시가 되자 송이는 어김없이 운다. 밥 먹을 시간이다. 크고 애처로운 목소리. 누군가가 깨어서 수발을 들 때까지 송이는 울 것이고, 밤잠 예민한 내가 가장 먼저 일어나 밥을 줄 것이다. 송이가 밥을 먹는 동안 떠나지 않고 옆에서 지켜본다. 밥 먹는 송이를 두고 먼저 일어나면 송이는 자꾸만 뒤를 돌아본다. 송이는 말이 많다. 우리가 송이에게 말을 많이 걸어서 그렇고, 우리가 자율 배식을 하지 않아서 그렇다. 밥을 먹고 싶을 때마다 달라고 해야 하니 송이는 더욱더 말이 많아질 수밖에 없다. 게다가 송이는 다른 고양이보다 밥을 많이 먹는다. 송이는 모든 의사 표현을 말로 하는 편이다. 고양이가 우는 것은 보통 새끼 때, 발정 때 외에는 잘 없다고 한다. 고양이끼리는 몸짓으로 의사소통하기 때문에 사람하고 대화하기 위해 소리를 내는 거라고. 그것도 사람 말을 배워서 비슷하게 흉내 내는 거라고 하니, 사실 우리가 고양이나 강아지한테 뭐라고 뭐라고 하는 것도 그들에겐 겨우 인간이 울고 짖는 것으로밖에 안 들릴 것이다.

      사람과 살지 않는 고양이는 울지 않는다. 제주도 집에 찾아오던 노랑이는 밥 달라고 우리를 부르지 않았다. 창문 앞에서 인간이 자신을 발견할 때까지 기다린다. 창문이 열려있지 않다면 밥 주는 자리에서 하염없이 기다린다. 엄마가 노랑이에게 밥을 너무 조금 주는 것 같아서 그거 가지고 애가 배부르겠냐고 묻자, 엄마는 책임질 것 아니면 책임질 수 없는 만큼만 줘야 한다고 했다. 엄마는 사료 몇 알 가지고 노랑이랑 관계를 진전시키기 위한 밀고 당기기 같은 것을 하지 않았다. 우리는 떠날 텐데 노랑이가 우리에게 적응하면 안 된다면서. 엄마의 뜻대로 우리는 노랑이랑 가까워지지 않았다. 노랑이는 매일 같은 시간에 꼬박꼬박 오다가도 한 며칠 사라졌고, 다시 나타나길 반복했다. 우리가 밥을 주러 나가면 눈길이 닿지 않는 곳까지 한 번 달아났다가 돌아왔다. 계속 밥을 줘도 노랑이는 끝까지 번거로운 거리두기를 멈추지 않았다. 노랑이는 우리에게 말을 걸지 않았고, 한 번도 가까이 오지 않았다.

밥을 준다는 것이 고양이를 길들여도 된다는 뜻은 아니다. 고양이와 관계 맺으려는 마음은 욕심이다. 고양이는 나와 친해지고 싶어서 나를 기다리는 것이 아니니까. 고양이에게 잘해주고 싶다면 밥을 주고 뒤로 물러서는 것이 맞다. 나중에 빈 그릇을 찾는 것이 맞다. 서로 무언가를 주고받게 될 것이라고 믿고 싶은 마음은 욕심이다. 어떤 행동의 반복이 관계를 진전시킨다고 믿고 싶은 것은 마음을 얻고 싶은 사람의 논리일 뿐이다. 고양이는 사람과 가까워질수록 야생성을 잃고, 자립 능력이 낮아질 것이다. 친절한 사람에게 인간의 언어를 배우면, 불친절한 사람에게도 마음을 열 것이다. 자신을 책임질 수 있는 것은 자신밖에 없다는 것을 서서히 잊을 것이다.

성북동 집에 찾아오는 고양이도 울지 않는다. 그저 창밖에서 내가 자신을 발견할 때까지, 돌아볼 때까지 기다린다. 그러다 한참이 지나 돌아간 적도 있을 것이다. 내가 고양이를 보지 못한 날이 많았으니까. 왜 고양이에게 밥을 주느냐면, 귀엽기 때문이다. 너무너무 귀엽고, 내가 그들을 연민하기 때문이다. 나는 우리 집에 사는 송이에게 미안하고, 골목에서 겨우겨우 밥을 먹고 물을 마시는 고양이가 안타깝다. 하지만 책임질 수 없는 마음을 자꾸만 쏟고 싶어지는 이유는 무엇일까. 나는 겨우 몸이 닿지 않도록, 내가 자꾸 관계를 강요하지 않도록 마음을 다잡을 뿐이다.

밖에서 만나는 고양이들은 말을 안 한다. 고양이를 챙겨주는 인간, 소위 캣맘하고 친해졌거나 유기묘이거나 어릴 때부터 사람이 익숙한 고양이가 아니라면 사람에게 소리 내어 표현하지 않는다. 나는 길고양이가 계속 말을 하지 않길 바란다. 말을 익히지 않고, 사람의 말을 흉내 내지 않고, 마음을 주지 않고, 언젠가 찾아올 수 없게 될 이에게 상처받지 않길 바란다. 그 언어를 합의하지 않은 인간에게 고통받지 않길 바라고, 언제 올지 모르는 누군가를 기다리지 않고, 갑자기 사라진 익숙한 일상을 오래 기억하지 않길 바란다.

      이건 고양이가 아니라 내 이야기다. 나는 내가 책임질 수 없는 마음을 함부로 쓰는 사람이 아니길 바란다. 누군가가 나를 간절하게 여길 만큼 나를 배우지 않길 바라고, 나 또한 작은 호의에 마음을 크게 열지는 않기를 바란다. 자꾸만 타인에게 기울어지는 마음과 어쩔 줄 모르는 감정을 단단히 붙잡고 나를 견디고 싶다. 다른 사람의 세계를 너무 일찍 익히지 않고, 그를 너무 닮지 않고, 손 쓸 수 없을 만큼 멀리 마음을 주지 않고, 마지막으로 지난 일상에 오래 머무르지 않기를 바란다. 고양이는 원래 울지 않는다.

타인은 나의 비밀을 안다

　나를 보는 타인은 나도 모르는 나의 비밀을 알고 있습니다. 내가 미처 깨닫지 못한 버릇, 말할 때의 표정, 내가 볼 수 없는 뒷모습 같은 것을요. 타인도 그것이 차마 비밀이라고는 알아차리지도 못한 채 나와 헤어져 집으로 돌아갑니다. 내가 모르는 나를 안다니, 어쩌면 타인은 나를 완성하는 존재인 게 아닐까요. 그것은 치명적이지 않지만, 분명 나의 조각이고, 타인이 나에 대해 직접 발견한 것이기에 가치 있는 사실 같습니다.
　'타인은 내가 모르는 비밀을 안다.'라는

말을 해주었던 영화 모임의 친구는 '타인이 나를 보면 나는 객체가 되고, 내출혈이 생긴다. 이것을 막으려면 나도 타인을 보면 된다.'라는 이야기도 이어 들려주었습니다. 우리가 서로 바라보고, 이야기 나누고, 서로에 대해 들려주는 일은 어쩐지 낭만적입니다. 그렇게 나를 잃으며 나 역시 타인으로부터 새로운 나를 취한다는 생각이요. 타인은 내가 감추고 싶어 하는 진실을 이미 아는지도 모릅니다. 묘한 변화와 어색함을 감지하면서요. 그것은 관심이기도 합니다. 나는 나에게 관심 있는 사람이 좋습니다. 그것은 종종 쑥스럽고 어색하지만, 나를 발견해 주지 못하는 사람을 사랑할 수는 없을 것 같습니다.

    내가 아닌 사람이 되는 건 정말 어렵습니다. 사랑은 종종 나를 다른 사람이고 싶어지게 만들어요. 좋은 사람, 사랑받지 못할 구석 없는 사람으로요. 정말 내가 어떤 사람인지는 들키고 싶지 않아집니다. 완벽해지고 싶게 만드는 사랑이 옳지 않다고는 말하지 못하겠습니다. 사랑을 잃지 않고 싶은 마음을 나약하다고 말할 수도 있을까요. 게다가 좋은 사람이고 싶어진다니. 간절한 마음을 그저 꼭 껴안아 주고 싶어집니다.

그런 사랑도 있는가 하면, 나를 나답게 하는 사랑도 있는 것 같습니다. 무거운 비밀과 나를 잘게 부술지도 모르는 약점을 훤히 드러내 보이고 싶고, 나를 싫어하게 할 나약함을 기꺼이 알려주고 싶은 사람이요. 가족에게도, 아니, 어쩌면 가족이기에 말할 수 없는 것, 가까운 사이라서 말하지 못한 것을 말할 수 있는 긴밀한 사랑도 있습니다.

그래도 역시 나를 나답게 만드는 사람을 찾습니다. 비단 연인 간의 사랑만이 아니라 모든 관계에서요. 내가 여태 변해온 모습, 나의 모든 부족함과 나쁨을 아는 친구들과 있을 때 저는 충만함을 느낍니다. 그것은 긴 시간이 저에게 가져다준 선물이자 깨달음이기도 합니다.

나를 발견해 주지 못하는 사람을
사랑할 수는 없을 것 같습니다.

나라는 서사

　살다보면 어떤 무리에 속하게 되고, 우리는 순간적인 판단을 합니다. 나와 잘 어울리는 사람이 누구인지, 익숙하지 않은 인간 유형과 첫 눈에 호감이 가지 않는 이를 구분합니다. 이후 상대방의 발화 내용과 톤, 그 방식, 표정, 제스처를 통해 그 판단을 빠르게 수정, 보완합니다. 1차와 2차 판단 사이의 시간은 무척 짧으며, 2차 판단 역시 1차 판단의 영향을 크게 받습니다.

　우리는 경험을 통해 견고하게 만들어온 필터로 혹시 모를 사고를 방지하고 자기 자신과 시간을 지키려 합니다. 그리고 그 빠른 판단이 어느 정도는 잘 맞으리라고 기대합니다. 물론 어떤 이들은 그런 판단을 배제하려 하거나, 별다른 편견 없이 상대를 대하기도 합니다. 이 모든 과정은 의식적인 것이 아니라 무의식에 더 가까운 것 같습니다. 어떤 이들은 시간이 지나도 여전히 어떤 사람이 자신과 잘 맞는지, 자신에게 좋은 사람인지 잘 모르겠다고 푸념을 털어놓기도 합니다. 관계가 어그러지고 깨지고, 침몰하는 가운데에서도 왜 이렇게 되었는지, 왜 이걸 미리 내다보지 못했는지 아쉬워하면서요. 하지만 우리가 알 수 있는 것 역시 있습니다.

저는 카페를 고르는 일에 엄격하고, 이 일에는 엄청난 재능이 쓰인다고 생각합니다. 어쩌면 재능과 체력을 낭비하는 이 선택하는 일에는 미적 감각이 필요합니다. 이곳에서 쓰는 테이블과 의자, 모든 것의 예기치 못한 배치와 조도, 안내를 전달하는 방식, 가게의 전경과 내부 동선 등 말로는 다 표현하지 못할 만큼 여러 부분에 온갖 판단력과 감각을 사용합니다. 예술가를 만나고, 디자이너나 기획자들을 만나면서 미감이라는 것은 예술이나 디자인 계열 등의 종사자에게 필연적으로 존재하는 것은 아닌 것 같다고 느낍니다. 그들의 일에는 가치, 기술 등 미감보다 중요한 요소가 있고, 효율이나 실용이 더 주요한 능력이 되기도 합니다. 그러니 저는 미감이라는 것이 관찰하는 일에서 시작. 관찰력을 단련하여 얻게 되는 것이라고요.

      사람에게는 서사가 있습니다. 그것은 관계 속에서 옛날이야기를 들려주듯 처음부터 새로 시작할 수 있는 것이지만, 이야기를 듣기 시작한 후로부터는 함께 쓰는 것이기에 어느 정도 속도를 맞추지 않으면 상대를 놓치게 됩니다. 그러면 우리는 그것을 다시 함께 채울 수 있을 거란 기대를 접고 말죠. 이 이야기를 함께 쓰는 방법은 서로에게 질문하는 것입니다. 이것은 자연스럽게 이루어지기도 하지만, 억지로 쥐어짜야만 가능할 때도 있습니다.

      저는 관계를 유지하는 힘이 질문에 있다고 생각하게 됐습니다. 나를 궁금해하지 않는 사람, 내가 궁금하지 않은 사람과는 가까워질 수 없고, 그 관계를 오래 지속하긴 어려울 거라고요. 우리가 하나가 아닐때 궁금해하지 않고 사랑하는 방법이 있던가요. 저는 아직 그런 방법을 찾지는 못한 것 같습니다. 나는 나를 책처럼 읽는 사람에게 사랑을 주고 있습니다. 나를 펼쳐 읽는 사람에게 기댈 수 있고, 그들을 읽음으로써 그들에게 기댈 곳이 되어줄 수 있습니다. 물어볼 것이 없다면, 그를 진정 유심히 들여다봄(관찰)을 하고 있지 않아서겠지요.

좋아하는 것들의 목록

좋아하는 마음은 어쩌면 억울할 정도로 우연히, 선택의 여지 없이 시작한다. 선택이라고 믿었던 인연도 결국 내 앞에 주어진 선택지 안에서만 자유로웠을 뿐이니 결국 우연이라고 조금 크게 말해봐도 될까. 고등학생 때 부모님이 처음으로 야구장에 데려가 주셨을 때, 그 순간이 내 삶에 큰 영향을 끼칠 거라고는, 여전히 한 치 앞을 모르듯, 나는 미래를 상상하지 못한다. 게다가 그 순간은 아직도 끝을 모르고 시간이 지날수록 팽창한다. 죽는 날까지 야구를 좋아하는 사람일 수 있다면, 그게 얼마나 대단한 순간이었는지, 그제야 다 알 수 있겠지.

　　　　잠실야구장 엘지트윈스 홈경기, 상대는 기억나지 않지만 나는 그때부터 엘지트윈스의 팬이었다. 그 한 번의 직관으로 열혈 팬이 된 것도, 야구를 챙겨보게 된 것도 아니지만 어디서 야구 이야기가 나온다면 그냥 엘지트윈스의 팬인 걸로 나와 암묵적인 약속을 한 셈이다. 엘지트윈스가 야구를 잘해도 못 해도 좋아했지만, 우승으로 지난 13년이 더 값진 시간이 되어 빛나는 게 아닐까. 그렇다고는 해도 부산까지 가서 야구 경기를 봐야 하나?

　　　　아무튼 가끔은 좋아하는 것의 목록을 써본다. 그것은 늘 비슷하게, 고양이, 야구, 등산, 엄마가 끓여주는 된장찌개, 침대에 누워있기…, 그리고 오랜 감정들로 시작해, 일상의 소소한 순간들을 떠올리고, 은근하게 삶에 들어왔다가 어느새 사라진 것들로 마지막을 장식한다.

　　　　어떤 사랑은 결국 폐허가 되어 삶에서 사라지고 어떤 것은 오래 남아 시간을 입을수록 값진 것이 된다. 그것이 값진 이유는 알 수 없기 때문이 아닐까. 첫눈에 누가 소중해질지, 무엇을 사랑하게 될지 알 수 있다면 그 안에는 별다른 감동이 없을 것이다. 삶의 비밀을 알고도 진심으로 살 수 있을까.

글쎄.

삶에는 수많은 씨앗이 뿌려져 있다. 싹을 틔우는 씨앗은 몇 안 되겠지만, 물을 주고 햇볕을 쬐는 일처럼 얼마나 많은 계기를 얻고, 얼마나 많은 선택지를 껴안을지는 내 몫이었다. 마음에 충실하다 보면 갑자기 뭔가가 불쑥 자라나곤 했다. 한때 만나던 사람이 함께 야구팬인 적도 있었고, 대학 친구가 야구에 빠져 퇴근하면 친구 집이나 근처 술집에서 야구를 보고 다음날 그곳에서 바로 출근하는 수준의 합숙 생활을 하면서 지내기도 했다. 그러는 동안 야구는 누군가와 함께해서 즐거운 것에서, 그 자체로 충만한 것이 됐다.

스물세 살에는 좋아하는 것이 많은 사람이 행복하다는 걸 하나의 완결된 문장으로서 깨달았다. 그제야 무언가를 진심으로 아끼고 사랑하기 시작했고 그것으로 충만함을 느꼈기 때문이다. 어떤 미움과 자괴, 슬픔, 고통에서도 좋아하는 것 앞에서는 저항 없이 웃음이 났다. 그러니 좋아하는 마음이란 곧 회복을 포함하는 말이어서, 좋아하는 것이 많을수록 회복탄력성이 높아진다는 생각은 당연했다.

무엇을 사랑하게 될지 몰라서 조심스럽고, 몰라서 계속하고 싶다. a에 물을 주고 있다고 생각했는데, b가 자라나기도 하고, 그 결실을 보면서 다른 것을 사랑할 용기가 나기도 한다. 그것들의 공통점은 나를 구원한다는 것, 눈물 뒤에도 언제나 웃음을 되찾아줄 수 있다는 것이다.

삶은 불확실하고 늘 망설여지는 것투성이다. 좋아하는 데에도 용기가 필요하고, 그것 대신 누릴 수 있는 것을 셈하게 된다. 오늘 사랑할 수 있는데도, 내일이 무서워 사랑을 미루고 주저앉는 때가 있다.

나 자신이 좋아하는 것보다는 싫어하는 것이 많은 사람처럼 느껴질 때가 있다. 그래서 좋아하는 마음이 더욱 귀하고 소중하게 느껴지는 게 아닐까 싶기도 하다. 좋아하는 것들의 목록을 쓴다. 목록에 있는 것들이 얼마나 소중한 것인지는 미처 오늘 다 알 수 없지만, 아직 아무것도 모르는 오늘이 쌓여 미래에 빛을 내기를 바라면서.

오늘 사랑할 수 있는데도,
내일이 무서워 사랑을 미루고
주저앉는 때가 있다.

이름을 알려준 사람

집을 나서는 길에 훅 끼쳐오는 라일락 향기, 그 냄새의 이름을 알려준 사람을 떠올립니다. 아름다운 향기에 걸맞은 아름다운 이름을 알게 되었을 때, 삶은 더 깊어질 가능성을 발견합니다. 이제는 그 사람을 생각할 일은 없지만, 라일락 향기는 때가 되면 여전히 코끝을 간지럽힙니다.

언덕 중반에 위치한 집에서 내려가는 길에는 단독주택들이 있고, 검은 현관문을 가진 집은 라일락 향기를 풍깁니다. 그 집 2층 마당의 나무들은 가지를 바깥으로 늘어뜨리는데, 그 안에 라일락이 소담히 자리 잡은 모습을 상상합니다. 초록의 냄새와 라일락이 한창인 날들입니다.

   이십 대 후반에는 사교 생활을 열심히 했습니다. 넓은 관계를 오래 가져가는 재능은 저에게 없는 것 같지만, 폐쇄적인 멤버십 공간에서 만난 친구들이 있었고, 그중 한 친구를 2년 만에 만났습니다. 후덥지근한 날의 망원동 테라스에서는 아직 넘어가지 않은 해가 등을 뜨겁게 덥힙니다. 그는 그 시절의 제가 다른 사람들 몰래 만난 연인의 존재를 알고 있고, 그것이 비밀이었기 때문에 사람들과 할 수 없는 이야기를 할 수 있는 사람입니다.

   관계를 말하다 보면 자연스럽게 나이를 세어보게 됩니다. 그로부터 흘러온 시절이 있기 때문이고, 관계의 모양이 나이를 따라 변하는 지점을 입으로 말해보는 것이 지금의 나와, 내 주변을 환기하기 때문입니다. 나이를 먹는다는 건, 시간이라는 가상의 개념을 오래도록 쌓아왔다는 말이고, 그래서 변화한 저를 말해보게 하니까요.

친구를 만나기 전에는 음악하는 이를 만나 책을 만들자는 약속을 했습니다. 제가 그를 작가로 삼아 가장 궁금했던 것은 언어가 음악이 되는 법, 혹은 음악이 언어가 되는 방식 같습니다. 그가 노래해 온 행복과 고통, 그것들의 평범성을 우리가 어떻게 문장으로 옮겨 종이에 담을 수 있을까요.

목소리로만 알던 사람을 보는 일은 재미있는 일입니다. 상상의 빈자리에 자연스럽게 채워두었던 그의 외모는 예상과는 달랐지만, 그의 말이나 태도는 느낀 것과 같습니다. 저는 그를 잘 모르지만 그는 차분하고, 잘 흥분하지 않을 것으로 보입니다.

그는 저에게 글을 쓰는데 두 계절보다 긴 시간이 필요할 것이라 했고, 겨울의 초입에 그와 나누었던 대화와 비슷하지만 미묘하게 다른 뉘앙스의 이야기를 들으며 그에게 더 충분한 시간을 줄 수 없음이 안타깝기도 했습니다.

그에게 고통은 숙명적인 것, 그렇기에 의식하지 않아도 괜찮은 것 같습니다. 행복이 우리에게 필요하지 않다는 사실도요. 삶이란 망가져 깨지고 부서진 것들을 이어 붙이며 그 틈 사이로, 새롭게 벼린 것들로부터 무언가를 배우는 게 아닌가요. 그런 질문과 답을 할 수 있는 책을 만나게 될 것 같습니다.

흙을 만지는 친구와 조경가 정영선의 이야기를 다룬 다큐 <땅에 쓰는 시>를 함께 봤습니다. 술과 잔을 빚는 그 친구와 저는 감탄하는 사람입니다. 대지의 생명력에, 생명이 흐드러진 풍경에 감탄을 나눌 수 있는 사이입니다.

우리는 사랑을 이야기합니다. 요즘 당신을 살아있게 하는 것, 사랑하는 사람들. 그를 만나면 삶에 영 냉소적으로 굴 수 없어서, 사랑하는 일이 옳은 것처럼 느껴집니다. 사랑을 권태로운 것으로 여기게 하는 사람과의 시간은 저를 지치게 합니다. 그런 사람과 만나면 그날의 끝에 허무를 깨물게 되지만, 사랑을 즐겨하는 사람과의 만남의 끝에선 불안해하지 않고 잠들 수 있는 것 같습니다.

그에게 머물렀던 고통이 힘을 쓰지 못하는 날들에, 저는 요즘 그가 느끼는 사랑의 모양을 통해 저를 돌아봅니다. 나를 인정해 주는 사람을 만났을 때 우리는 자신을 둘러싼 부정적인 것들로부터 쉽게 돌아설 힘을 얻는 것 같습니다. 내가 몇 번씩 같은 것을 되물어도 계속 같은 답을 해주며 나를 안심시키는.

내 세계에 속한 것들의 이름을 찾는 일이 인생 같습니다. 나는 친구들을 만나 아직 어두운 구석을 비추고, 그곳에 있는 것들의 이름을 함께 골똘히 밝혀냅니다. 그리고 그 이름을 알게 한 사람들을 오래 생각합니다. 그들이 더 이상 이곳에 없다 해도 그 이름에 묻힌 그들의 냄새가 오래도록 남아 기억을 일으키겠지요. 우리가 많은 이름을 가진 사람이 되면 좋겠습니다.

사랑을 권태로운 것으로 여기게 하는
사람과의 시간은 저를 지치게 합니다.
그런 사람과 만나면 그날의 끝에
허무를 깨물게 되지만,

사랑을 즐겨하는 사람과의 만남의 끝에선
불안해하지 않고 잠들 수 있는 것 같습니다.

계절의 허리께에서 우연히 발견한 것

　　날이 부쩍 추워지더니 밤낮으로 여섯 시에도 사위가 어둡습니다. 몸에 닿아오는 온도, 습도, 분명한 풍경의 변화와 달라진 냄새가 감각을 확 깨워오는 환절기 무렵. 어쩌면 저는 계절보다도 계절이 바뀌는 시간을 더 좋아하는 것도 같습니다. 계절의 허리를 베어 물고 어디에도 속하지 않은 채 그 가운데 머무르고 싶은 마음이 제게는 있습니다. 오늘의 이야기는 사실 계절과는 상관없지만, 계절이 바뀌는 순간에 깨닫는 것은 왠지 달라지는 모든 것들로부터 시작한 것만 같습니다. 한 해가 바뀌는 순간, 한 해가 끝나는 순간, 계절이

피우고 맺는 순간, 그렇게 무언가 바뀌는 순간은 늘 새로운 기회가 아닐지요. (2023.10.13)

    긴 연휴를 마치고 집으로 돌아온 밤, 주말 출장으로 대구에 내려갈 계획을 세우다가 문득 요즘 일이 잘 풀리지 않는다는 생각에 막막함을 느꼈습니다. 집중이 잘되지 않는 이유를 고민하다가 장소와 일상의 환기를 위해 충동적으로 행동하기로 했습니다. 이곳이 아니라면 미루던 글을 쓸 수 있을 것만 같았고, 무엇보다 나를 옭아맨 것이 없다는 걸 다시 한번 확인하고 싶었던 것 같아요. 손이 부산하게 휴대전화를 찾아 부산행 고속열차 티켓과 숙소, 사직구장 야구 티켓, 부산국제영화제 상영 시간표와 영화 리스트, 가고 싶었던 곳들과 부산에서 대구 가는 가장 빠른 법을 검색합니다. 일정을 짜보다가 잠들고 다음 날엔 모든 걸 예약하고 짐을 쌌습니다.

    2019년에 배우 이천희 씨가 운영하는 브랜드로도 유명한 하이브로우의 인사이트 토크를 갔습니다. 대표인 형 이세희 씨가 나와서 모든 상품은

동생과 자신의 필요에 의해 제작하게 되었다는 썰부터 새로운 취미인 백패킹 이야기를 해주었는데, 그중 백패킹의 포인트는 '짐을 줄이는 것'이라는 말이 기억납니다. '이건 쓰지 않을까?' '쓸모가 있지 않을까?'라는 생각으로 챙겨갔던 물건들을 쓰지 않고 돌아왔음을 확인하고 다음 백패킹에서 그 물건은 가져가지 않는 것, 그래서 점차 필요한 것만을 남기고 짐을 줄이는 것이 중요하다고 했습니다. 그 이야기가 감명 깊었는지 4년이 지난 지금도 선명하게 기억하는데, 짐을 들고 다녀야 할 부산에서의 2박 3일과 대구 가는 길, 3박 4일 뒤 서울에 돌아올 길을 생각하며 짐을 줄였습니다. 무겁지 않아야 했으니, 최대치가 정해진 것이 아니라, 최대한 안 들고 가는 것이 중요했는데, 그 와중에도 실용적이면서 예쁜 옷을 잘 조합해 입을 수 있도록 최선을 다했습니다. 평소 드는 실용적이고 가벼운 가방 하나에 온 짐을 넣었는데 자리가 남을 정도로요.

        저는 혼자 정말 잘 다닙니다. 일본에서도 야구장에 혼자 가는 걸로 설명을 갈음하겠습니다.

그만큼 언젠가는 나 혼자서 잘 지낸다고 생각했는데, 몇 달, 몇십일씩 혼자 여행을 다니면서 사실 그건 아니고, 정말 혼자가 되어본 적이 없어서, 닿을 수 있는 거리에 늘 누군가 있었기 때문에 혼자인 시간을 갈망했다는 걸 지금은 알고 있어요.

      부산에서는 누군가를 만날 계획은 없었는데, 아는 분이 저처럼 사직 구장에 혼자 야구를 보러 왔다고 해서 일찍 만났습니다. 선수들이 묵는 호텔로 예약까지 하는 그를 따라 무려 두 시간 전에 도착해 야구장이 문 열기를 기다렸습니다. 다음에도 이래야겠다는 생각은 들지 않았지만, 한 번쯤은 선수들이 팬들과 인사도 하고, 미리 나와서 준비 운동하는 모습을 보는 것도, 가을이 시작한 사직 구장의 넓은 하늘을 여유롭게 만끽하는 것도 좋더라고요. 야구는 따로 봤지만 함께 나오고 각자 숙소로 향했는데, 돌아오는 길에 '좋았던 것 같다.'라고 생각했습니다.

      둘째 날에는 작은 친분이 있는 나락서점에 들러 사장님이 요즘 읽는다는 시집도 사고 대화도 나눴습니다. 사실 서점 주인인 미은님에게 내심 여쭤보고 싶은 게 있었습니다. 사람들이 요즘 어떤 책을 읽고, 당신은 어떤 책을 읽느냐고, 사실 나는 요즘 전만큼 책을 많이 읽지 않고, 그래서 글도 잘 쓰지 못하는 것 같다고요. 어떤 답을 얻은 건 아니었지만 어딘가에 그런 고백을 할 수 있었던 것만으로도 마음이 한결 나아졌습니다. 나 혼자 몰래 품고 있는 문제는 영 해결되지 않는 기분입니다. 말을 하면 인정할 수 있고, 다음으로 넘어갈 수 있는 게 아닐까 싶습니다.

마지막 날에는 부산국제영화제를 찾았습니다. 영화를 보는 시간은 많지만, 제대로 봤다고 말하기는 어려운 날들을 보내고 있습니다. 좋아하는 마음은 언젠가부터 관성처럼 늘어져 영화는 더 이상 팽팽한 긴장을 주지도, 설렘을 주지도 못합니다. 다른 일을 하면서 보고, 중간에 끄고 나중에 이어보기도, 그대로 잊기도 합니다. 집에서 쉽게 영화를 볼 수 있다는 것이 꼭 좋은 것만은 아니라는 생각이 듭니다. 다시 영화를 좋아하던 시절로 돌아가고 싶습니다. 무언가를 제대로 잘 좋아할 때의 열정은 삶을 반짝이게 해주니까요. 그런 마음으로 영화제를 갑니다. 부산에 평론가로 참여하는 친구에게 연락해 제 영화가 끝나고, 친구 영화가 시작하기 전에 잠깐 보기로 했습니다. 영화 이야기도 하고, 친구가 넷플릭스 팝업 카페에서 프레스 쿠폰으로 커피도 사주고 사진도 찍어줬습니다.

어쩌면 안 만나도 그만인 사람들이었다고 생각합니다. 만나서 즐거웠지만, 아니었더라도 무언가를 하고 홀로 이런저런 생각을 하며 보냈겠지요. 홀로 다니는 걸 좋아하는 이유는, 아끼기 위함입니다. 마음을 아끼고, 혼자의 시간을 아끼기 위해서요. 마음을 쓰는 일은 힘들고 무겁고 어려운 일입니다. 정신없는 일상에서 벗어나기 위한 여행을 다니는 경우가 많으니 당연하기도 합니다. 가벼워지기 위해 떠나는 길에 '함께'라는 고민거리를 한 보따리 싸서 다닐 순 없으니까요.

관계가 가볍게 느껴진 적은 살면서 한 번도 없었습니다. 아마 이 글을 읽는 분들도 대부분 그러시지 않을까 생각합니다. 다만 사람은 삶의 아름다움과 기쁨과 슬픔을 혼자 감당할 수 없고, 그것이 의미를 갖기 위해서도 타인이 필요합니다. 그리고 이번 부산 여행은 정말 즐거웠습니다. 가장 큰 이유는 아마 동행 없이도 매일 누군가를 만나 시간을 보냈기 때문인 것 같습니다. 평소에 연락하거나 만나는 사람이 아닌데 그저 부산에 있다는 이유만으로 시간을 함께 보내서, 그 반가움에는 관계가 주는 책임의 무게가 없어서 말이에요.

좋은 여행을 위해 배낭의 짐을 덜고, 언제든 떠날 수 있게 집에 가득 찬 미련을 버리고, 냉장고를 비우는 것처럼 관계를 가볍게 유지하고 싶습니다. 언젠가는 이 가벼움이 참을 수 없어져 양손 가득 사람의 온기와 물건을 잔뜩 잡을 테지만, 요즘의 저는 이 홀가분함이 좋습니다. 내일은 비가 온다고 하네요. 다들 따뜻한 이불 꺼내 덮고 주무시기를 바랍니다.

홀로 다니는 걸 좋아하는 이유는,
아끼기 위함입니다.
마음을 아끼고,
혼자의 시간을 아끼기 위해서요.
마음을 쓰는 일은
힘들고 무겁고 어려운 일입니다.

괜찮은 사람

"(아빠 손을 꼭 잡으며) 아빠는 나의 가장 좋은 친구인 거 알지?"

"ㅎㅎ (나한테) 넌 아니야."

"ㅎㅎㅎㅎㅎㅎㅎㅎㅎ 그럼 누군데."

"아무튼 넌 아니야."

"그렇구나… 그래서 누군데?"

"나야 ㅎㅎㅎㅎㅎㅎㅎㅎㅎ."

"ㅎㅎㅎㅎㅎ 아빠야? 그럼 두 번째는 누구야."

"두 번째는 없어."

"(깨달음) 아빠… 나는 아빠 진짜 존경해."

이날 아빠에게 사르트르의 닫힌 방 이야기를 했다. 지옥은 다름 아닌 호텔방에 함께 갇힌 두 사람에게서 도망칠 수 없을 것이라는, 타인은 지옥이라는. 헤어질 때 아빠가 한 말이 그 핵심을 건드리는 연장선 같았다.

옛날엔 인터넷 사이트에 가입할 때 비밀번호 찾는 질문과 답을 정하게 되어있었는데, 그때마다 나는 '가장 인상 깊게 읽은 책은?'이라는 질문을 선택하고 '데미안'을 적었다. 나의 세계는 데미안에게 크게 빚졌다. 내가 좋아하는 부분은 세계가 내면을 비추는 거울이라는 것, 그렇기에 우리의 미움이 나오는 곳은 나 자신에게서 스스로 싫어하는 점이라는 내용이다. 고등학생 때 읽은 데미안은 세계가 얼마나 내 위주로, 내면의 구조 그대로 드러나는지를 배우게 했다. 알을 깨고 투쟁해야 한다는 것은 아직은 조금 뒷전의 이야기다. 미워하는 마음을 들여다보면 결국 그 사람이 나의 못난 모습과 닮은 것이 싫은 것이다. 늘 인정하고 싶지 않지만 늘 그게 진실이다. 내가 싫어하는 나와 닮은 이가 탐탁지 않다. 반대로 내가 좋아하는 사람들이 가진 특징이란 보통 내가 되고 싶어 하는 인간상이었다. 다만 좋아하는 사람이 좋은 사람이 될 수는 없었는데, 그건 그들이 내가 미덕이라고 여기는 것들을 가졌기 때문이지, 그 사람이 실제로 좋은 사람이라는 의미는 아니었기 때문이다. 나는 누군가를 내 멋대로 좋은 사람이라고 판단 내렸다가, 이내 섣부른 판단이었다는 걸 깨닫기를 반복했다. 상대도 나에게 그런 시행착오를 반복했다.

    관계는 필연적으로 오해를 전제한다. 사람들은 저마다의 기막힌 세계 속에서 산다. 지각 능력과 범위, 방식. 어느 하나 같을 수 없다. 가장 단순하게는 경험의 차이가 불러오는 시선의 차이가 전혀 다른 인지를 불러올 것이라는 사실에 기반한다. 결국 보고 싶은 대로 보고, 자신이 할 수 있는 만큼의 판단을 내린다. 늘 새롭게 느끼고 새롭게 깨달을 수 있는 사람은 없다. 눈앞에 주어진 것을 보며 늘 새로운 세계가 탄생한 것처럼 감탄하며 순수한 시선으로 삶을 받아들일 수는 없다. 그것은 실제로 새로운 것이 맞지만, 우리는 비슷한 경험을 바탕으로 익숙한 판단을 내리고 싶어 한다. 그리스인 조르바처럼 편견 없이 뜨거운 가슴으로만 살 수는 없는 법이다.

      시간이 흐르면서 경험은 쌓이지만 그게 삶에 대한 필연적인 이해를 가져오는 것은 아니다. 자신의 세계가 확고해질수록 타인을 마냥 가까이 여기기는 어려워지는 것 같다. 한 인간이 얼마나 복잡하고 어려운 존재인지 깨닫게 되니까. 내가 바뀔 수는 있어도 타인을 바꿀 수는 없다는 것을 알게 되면서 별수 없이 관계가 안정되는 것뿐인지도 모른다. 상대를 내버려두는 일에 익숙해지는 것뿐인지도. 이해가 안 간다는 말은 어릴 때와 지금 사뭇 다른 의미로 다가온다. 어린 시절의 무지란 이해하고 싶어 하는 것이었고, 대충 알 만큼 안다고 느끼는 시절의 무지란 높이 쌓은 인식의 틀이 흔들리지 않기를 바라는 것, 나의 세계를 무너뜨리고 싶지 않아 무시하기로 마음먹은 것들의 합이다.

우리는 같은 것을 보지만 그것은 한 번도 같은 것일 수 없다. 생각과 언어 구조의 차이는 대화를 지속할수록 우리를 핵심에서 멀어지게 할 텐데. 그렇다면 세상에 과연 말할 필요가 있는 것이 얼마나 될까, 말을 하는 것이 과연 서로를 이해하는 데 도움이 될까. 바벨탑을 세워 신의 권위에 도전했던 인간이 태초의 언어를 빼앗기고 겨우 얻은 것이 지금의 언어라는 이야기는 삶의 필연적인 오해에 대한 은유. 각자 다른 언어를 사용하고, 그 언어마저 합의에 이른 결과일 뿐 대상을 진정으로 지칭하지 못한다는 소통 불가의 끝없는 굴레. 하지만 우리는 여전히 신의 이름인 아프락사스*에 닿기 위해 매번 알을 깨려 분투한다. 다시 이 언어를 통해서.

타인은 지옥이다. 이 글에서 타인이 지옥인 이유는 우리가 서로를 이해할 수 없음에도 불구하고 서로에게 여전히 역할을 부여하고 기대하기 때문이다. 이럴 것이라는 추측, 이럴 것이라는 판단에서 비롯한 오해가 우리를 점점 더 먼 곳으로 데려간다. 아빠와의 대화에서 '(깨달음)'이란 내 식대로 아빠의 말을 이해한 것뿐이다. 나에게 가장 좋은 친구는 나이고, 그것으로 충분한 사람이 되어야겠다는 생각. 나의 삶에 들어온 것들에 내 식대로 이름 붙이려는 시도에 앞서, 내 인생이 가진 책임의 일부를 타인에게 전가하지 않고도 괜찮은 사람이 되겠다는 마음. 그렇게 세상과 타인을 껴안고 싶다.

자신만의 길

최근에 어릴 적 좋아하던 만화책을 정주행 했습니다. <나루토>라는 이름의 일본 닌자 만화인데요. 주인공 이름이 나루토입니다. 이 나루토라는 주인공의 이름은 만화 속 등장하는 소설책의 주인공 이름이기도 합니다. 세계의 평화와 희망이, 누군가의 꿈이 담긴 이야기가, 현실이 되어가는 내용이에요.

나루토는 자신을 무시하거나 자신이 가려는 길에 회의적인 태도를 보이는 이들에게 '자신만의 (닌자의) 길'을 걷겠다는 다짐을 계속해서 말합니다. 한번 내뱉은 말은 지킨다는 것이 핵심인데, 나루토가 존경하는 스승에게 이어받은 닌자의 의미는 '참고 견디는 자'이기도 합니다.

친구와 <나루토>가 사랑 받고 유명한 이유는 많은 등장인물이 개성을 가지고 있기 때문이라는 얘기를 나누었는데요. 그들 대부분은 눈물 없인 들을 수 없는 불우한 사연이나 가문의 역사를 가졌습니다. 그들이 전쟁을 겪은 바로 다음 세대로, 숱한 죽음과 복수 위에 세워진 세계에서 살아가고 있기 때문입니다. 평화라는 명목 아래 일족이 몰살 당하거나, 희생을 강요 받았고, 안전에 위협이 되는 존재는 억압 받고 처단 됩니다. 복수는 복수를 낳고, 강요 당한 희생은 분노로 바뀌어 터져나옵니다.

나루토는 몸에 괴물을 품고 있습니다. 거대한 힘인 동시에 위협이 되는 괴물이 봉인 되어 있는 어린 아이로 어릴 때부터 차별을 받았고, 부모가 누군지도 모른채 마을 사람들의 따가운 눈초리를 견디며 아주 외로운 날들을 살았습니다. 만화책을 읽으며 나루토가 겪어왔을 삶을 생각하면 늘 눈물이

납니다. 그가 세계의 평화를 위해 잃은 시간, 그 아이를 영웅으로 봐주길 바라며 작은 몸에 괴물을 봉인했던 아버지의 마음, 그의 어린 시절을 조금이라도 어림짐작 해보려 할 때면 너무나도 큰 아픔이 몰려옵니다.

  나루토는 불우했던 어린 시절의 아픔을 사랑으로 치환하고, 그 아픔을 찌르는 상대에게 괴물과 함께 한다고 해서 불행할 거라고 재단하지 말라고 합니다. 그 괴물 또한 닌자들의 권력 다툼에 오랜 시간 이용 당했고, 괴물 취급 받으며 이름을 잃은 채 봉인되어 살아가면서 분노에 차 있었지만, 나루토와 함께 다니며 그 마음에 감화됩니다. 나루토는 주변 사람들, 적군까지도 친구로 만드는 신비로운 힘이 있습니다. 진솔함과 노력, 포기하지 않는 근성으로 그들의 삶에 변화를 일으킵니다. 감정과 삶에 솔직해지도록, 더 노력하고 사랑하도록요.

  세계를 파괴하려는 최악의 적으로부터 나루토는 모두를 지키기 위해 혼자서 모든 싸움과 고통을 해결하려 합니다. 하지만 나루토를 진심으로 아끼는 주변 사람들 덕분에 그것이 오만이라는 것을 깨닫고, 모두를 지키기 위해 모두와 함께 하고자 합니다. 우리는 가끔 타인이 원하지 않는 방식으로 타인을 구원하려 하지는 않는지, 이 역시 나루토가 들려주는 이야깁니다.

　　　　나루토는 그리하여 복수와 희생의 악순환을 끊어냅니다. 세계의 운명을 바꿀 존재들의 반복된 환생에도 악순환이 끊어지지 않았던 이유는 그들이 다른 존재를 믿지 못했기 때문입니다. 혁명이란 뛰어난 혼자가 해내는 것이 아니라, 함께 해내는 것이기 때문에요. 혁명이란 내가 맞다고 생각하는 방식이 아니라, 우리가 함께 만들어가는 것이기 때문이지요.

　　　　나루토의 여러 면을 좋아하지만 이번에 다시 읽으며 '우리는 가끔 타인이 원하지 않는 방식으로 타인을 구원하려 하지 않는지'를 곱씹게 됩니다. 저에게는 어떤 답들이 있습니다. 그리고 제가 아끼는 사람들에게 나름의 답을 제시하려고 노력하고, 혼자 고심해서 그 방향으로 상황이 잘 굴러가도록 계획합니다. 그것은 저에게는 아무런 도움이 되지 않지만 그들을 위하는 마음으로 분투합니다. 하지만 그들이 그런 방법이나 결과를 원했던가요? 그리고 그것은 정말 정답인가요?

      만화 속 악당은 선을 이루고 싶어했습니다. 반복하는 복수의 굴레를 끊고, 분노와 슬픔을 잊는 환상이 세계에 도래한다면 그것이 가능하리라 믿고 모두가 환상에 빠지는 술법을 사용하려 하죠. 어떤 선함은 결국 개인의 아집에 불과한 것 같습니다. 그것이 애초에 선한 마음에서 비롯했다 하더라도요. 사람들은 꼭 완벽이나 좋은 것을 추구하지는 않습니다. 최선이 아닐지라도 가고 싶어하는 길이 있고, 이루고 싶어하는 꿈이 있는가 하면, 부러 게으름을 택하기도 합니다. 누군가를 행복하게 하는 건, 대체로 옳다고 여겨지는 것과 일치하지만은 않습니다. 그러니 영영 알 수 없는 타인의 마음 앞에 좋은 길을 제시한다는 게, 터무니 없는 일이 되고 말겠지요.

'우리는 타인이 원하지 않는 방식으로
타인을 구원하려 하지 않는지'

충분한 시간이 있는 세계

시간이 해결해 줄 수 없는 것

　　피아노를 배우러 다닌 지 어느덧 5개월 차. '사람들은 일 년을 과대평가하고, 십 년을 과소평가하는 경향이 있다'고 합니다. 저는 이 말을 정말 좋아합니다. 한 번 듣고는 제 인생의 지침처럼 생각하고 마음에 새기려고 노력합니다. 풀어쓰자면 일 년 동안 이룰 수 있는 것이 많다고 생각하고, 십 년 동안 해낼 수 있는 일에 무게를 두지 않는다는 거죠. 빠른 결과를 보고 싶어 하는 인간 습성이 드러납니다.

　　저는 일 년을 과대평가하는 쪽이었습니

다. 연말이나 새해가 되면 꽤 멋진 목표를 세우고, 지키지 못해 시름시름 앓아가다가 어느 순간 까맣게 잊고는 다시 새 계획을 세울 때가 되어서야 지난해의 목표를 발견하고 좌절하는. 완수하지 못할 계획을 세우는 편이었고, 목표를 제대로 잡는 법을 몰랐던 것 같습니다.

모든 사활을 일 년 한 방에 거는 사람으로 30년을 살았습니다. 일 년짜리 프로젝트만 계획하고, 일 년이 지나면 원점으로 돌아가 새로운 계획만 세웠습니다. 그러던 어느 날 일 년과 십 년에 대한 이야기를 듣고는 시간과 삶을 다시 한번 생각해봤습니다. 저에게 일 년이란 무슨 의미였을까요. 일 년은 계절이 돌아오는 시간입니다. 농경시대로 따지면 노동 계획을 세우는 기준이기도 했네요. 그래서 우리에게 중요하게 느껴지는 거겠죠. 학교와 회사에 다니며 일 년 단위로 삶을 생각하는데 익숙해진 저는 그 시간제한을 벗어나려는 시도를 한 적이 없습니다. 그럴 수 있는지 몰랐습니다. 결국 하고 싶은 것과 해내야 하는 것에게 충분한 시간을 준 적이 없었던 거예요.

        항상 일 년밖에 없는 일 년살이인 저는, 긴 시간이 걸리는 일을 자연스럽게 피했습니다. 생각해본 가장 긴 단위가 일 년이니까, 성과를 빨리 보지 못하는 것이 불안했습니다. 일 년 후는 너무 멀어 보였고, 늘 마음이 조급해서 무리한 계획을 세우고 결국 자신에게 실망하는 일을 반복했습니다. 저는 이제서야 그것이 '시간'에서 비롯했다는 걸 깨달았습니다. 고작 일 년 안에 너무 많은 걸 해내려고 해서, 그렇지 않으면 실패한 것처럼 느껴져서, 자신에게 너그럽지 않은 사람으로 살았다는걸요.

        일 년이 가능성의 허리를 자르지 않고, 시간의 구애 없이 무언가를 시도할 수 있다면 어떨까요. 삶을 대하는 태도가 달라질 수 있다고, 저는 생각합니다. 이 이야기를 처음 듣고 제가 한 일은 피아노 학원을 등록하는 일이었습니다. '이제 와서 피아노를 배워서 뭐 하겠어.' '잘하게 되려면 얼마나 긴 시간이 걸리겠어.' 그 생각을 그만두기로 했습니다. 언젠가는 피아노를 잘 치게 되겠지요. 생각하는 시간의 단위에 따라 삶은 길어지기도 하고, 짧아지기도 하는 것 같습니다. 저는 이제 시간을 핑계로 하고 싶은 일을 미뤄두지는 않으려고 합니다. 시간은 아주 많기도 하고, 아주 부족하기도 합니다. 어떤 태도로 시간을 바라보느냐에 따라서요.

일 년과 십 년을 비교하는 이야기가 마음을 울린 이유는 제가 마침 20대를 보내고 왔기 때문일 겁니다. 십 년을 보내고 돌아보니 시간을 핑계로 포기한 일이, 시도조차 하지 않은 일이 많았다는 사실을 실감했습니다. 그리하여 쓰지 않은 시간은 어디로 갔는지 잘 모르겠고요. 시간은 꽤 너그럽고, 늘 충분한 것 같습니다. 쓰고자 한다면요. 시간은 유용한 발명품일 뿐인데, 그것에 너무 휘둘린 게 아닐까 싶습니다. 아무튼 다가올 삼 년이, 십 년이, 이십 년이 기대됩니다. 지금보다 더 재밌는 사람이 되어있을 것 같아서요.

내일의 문을 여는 법

곱등이가 나왔다. 곱등이를 실제로 본 것도 처음인데 그곳이 내가 사는 집이라니. 곧장 자취 생활을 접고 부모님 집으로 돌아가고 싶었다. 방문을 열자 곱등이는 천진난만하게 내 침대 위로 뛰어올랐다. 나는 비명을 지르고 다시 문을 닫았으나 내 방이고 나는 일인 가구니까 해결할 사람은 나뿐. 나는 다시 문을 열고 곱등이 주변으로 위협사격 하듯 책을 던졌다. 곱등이가 침대 아래로 뛰어내린 뒤에는 위협이 아니라 정조준하여 책을 던졌다. 곱등이는 눈도 귀도 안 보이고 안 들려서 더듬이가 발달했다더니 눈치가 좀 떨어지는지 금세 책을 맞고 운명했다. 친구는 '역시 이래서 책을 가까이하라고 했군' 하고 무릎을 탁 쳤다. 곱등이는 점프도 하고 몸도 통통하다. 해충은 아니라던데 바퀴벌레만큼 무섭다.

     이후로 나는 한동안 화장실이나 방문을 열면서 자연스럽게 안으로 들어가지 못하고, 문 먼저 활짝 열고 한 발짝 물러서 내부를 둘러본 뒤에 입장한다. 집으로 돌아와 현관문을 열고 들어가는 짧은 순간에 긴장을 느낀다. 초등학생 때 텔레비전에서 방영했던 <처키: 사탄의 인형>을 본 다음부터 문 뒤에 처키가 있는 건 아닌지 맘 졸이던 때와 정확히 똑같은 행동을 하고 있다. 그 곱등이는 떠났지만 얼마든지 다른 곱등이가 이 집을 활보할 가능성이 있다는 사실과, 문을 열고 불을 켜는 순간 미처 숨지 못한 곱등이가 보이지 않을까 싶은 불길한 마음이 자꾸만 내 일상을 갉아먹는다. 어쩌면 존재하지도 않는 곱등이와의 기막힌 동거를 시작한 게 아닐까. 내 자취생활은 곱등이 이전과 이후로 나뉠 것이다.

     문 뒤에 있는 것들을 자주 생각한다. 더

이상 문 뒤에 존재하지도 않을 곱등이의 존재를 상상하는 것처럼, 아직 실체도 없는 문제들을 떠올리며 마음 졸인다. 제대로 해결되지 않은 과거가 유령처럼 문득 지난 빚을 갚으라며 찾아오지 않을지, 어느 날 갑자기 내가 길을 잘못 들었다는 사실이 밝혀지는 건 아닌지. 문을 열려고 할 때마다 발목을 잡는 불안함에 자주 덜컹거린다. 다가오는 것들을 생각하느라 다가오지 않을 것까지 걱정하는 연약한 마음이 있다. 아직 열지도 않은 문 너머의 위태로움까지 오늘의 내가 감당해야 할 몫이라면 이 무게는 어떻게 견딜 수 있을까. 새로운 문을 여는 게 자꾸 겁이 나면, 점점 무서워지면, 그게 일상에 무겁게 내려앉으면 어떡하지.

  커다란 벌레가 나오고 엄마, 아빠가 있는 집에 돌아가고 싶다고 했을 때 엄마는 쿵쾅거리며 걸으라고 했다. 집으로 들어올 때, 방문을 열 때, 녀석들이 놀라 도망가도록. 쿵쾅거리며 너의 존재를 알리면 바퀴벌레든 곱등이든 네 눈에 띄기도 전에 다 숨을 테니 가는 길에 발을 세게 구르라고. 불 꺼진 집에 들어가면서 큰 소리를 내라고. 효과는 모르겠다. 과연 문제의 벌레들은 내 발소리에 겁을 먹고 도망을 가려는지. 다만 나는 엄마가 알려준 벌레 쫓아내는 방법을 내일의 문 여는 일에 대입한다. 이제 문을 열겠다고 큰 소리로 말하면, 그 방향을 확실하게 입으로 발음하면, 불안이 달아나지 않을까 생각해 보는 것이다.

   좋아하는 것을 좋아한다고 말하는 것은 언제나 도움이 됐다. 하고 싶은 일에 대해 말하는 것도 마찬가지다. 고양이를 좋아한다고 말하면 사람들은 고양이를 볼 때 나를 떠올리고, 야구를 좋아한다고 말하면 유대가 생겼다. 글을 쓰겠다고 말하면 일거리가 생기고, 함께 글 쓰고 싶어 하는 사람이 손을 들었다. 회사를 나가겠다고, 어떤 일에 관심이 생겼다고 여기저기 표현하면 누군가 손을 내밀어 주었다. 같이 새로운 걸 해보자고.

   어느 방향으로 가겠다고 말하면, 자주 표현하고 열심히 발을 구르면, 누군가 듣고는 불안을 덜어주러 온다. 새로 열고 싶은 문 뒤에서 나를 기다리는 온갖 알 수 없음의 얕은 실체를 미리 알려주고, 별것 아니라고 손잡이를 함께 돌려준다.

　　　　나 여기 있다고, 거기로 지금 가겠다고 티 내는 것이 나 스스로에게 용기가 되는 과정은 사실 이런 식이다. 불안이 먼저 달아나도록, 불안이 더는 힘을 쓰지 못하도록, 말의 권위를 사용하여 없는 것을 상상하고 움츠러드는 나에게 목적에 집중하는 힘을 주는 것. 말의 인력을 통해 상관없는 것과 필요한 것을 구분하고 밀어내고 끌어당기는 것.

좋아하는 것을 좋아한다고 말하는 것은
언제나 도움이 됐다.

나를 이해하고 용서하기

2023년 6월 28일엔 두 살 어려져서 다시 서른이 됐다. 나는 그대로인데 나를 부르는 표현이 달라지는 건 이상한 일이다. 소속이 바뀌고, 역할이 바뀌고, 나이를 먹는 동안 어쩌면 나는 아무것도 달라지지 않았는지도 모른다. 아마 그랬을 것이다. 나는 어제로부터도, 한 시간 전으로부터도 멀리 달아날 수 없는데, 세상이 나를 다르게 부를 때가 있다. 다만 불리는 말에는 힘이 있어서, 영혼에는 그 라벨이 붙은 서류철이 하나 생긴다. 그날로부터 언제든 다시 꺼내볼 수 있는.

나이는 시간을 증명하고, 시간은 누군가에 대해 많은 것을 알려준다. 그러니 겨우 시간만이 흘렀을 뿐인데 나를 부르는 이름이 달라진다는 것이 불공평하게 느껴지기도 하고, 쉬지 않고 흐르는 것을 완벽하게 만들 재간도 없어서 나이를 마음에 들어 하기는 쉽지 않은 것 같다. 그 시간을 후회 없이 사랑하기란 더 어렵고.

가수 윤종신은 나이라는 노래를 불렀고, 나는 이번 6월 28일엔 잊지 않고 이 곡을 들었다. 나이를 먹는다는 게 무엇을 말해주는지, 그에 따라 어떤 감정을 느끼는지, 지금까지 시간에게서 받은 것을 생각해 본 적 있는지, 세월에 마주 선 자신을 '이해하고 용서할 수 있는'지.

무슨 얘기를 하고 있었더라, 얼마 전에는 친구와 대화를 나누다가 '너에게서 좋아하는 점이 무어냐'고 물었다. 어쩌면 나는 답을 알고 있었던 것도 같다. 그는 오래 망설이거나 고민하지 않고, 회복력(대충 이런 말이었다)이라고 답했다. 안 좋은 일이 생기고, 마음이 침울할 때도 금세 털고 일어나서 좋게 생각하고 자신의 삶을 이어 살아갈 힘이 있다. 그런 답을 해주었던 것 같다. 친구가 답하고 설명하는 동안 내 가슴은 크게 부풀어 올랐다. 그 마음이 나에게도 있다는 것, 내가 그 힘을 느꼈을 때, 내가 얼마나 건강한지, 또 나에게 주어진 사랑이 얼마나 강한지 깨달았을 때가 떠올랐다.

그 말을 들으며 내가 좋아하는 사람들이 가진 공통점을 다시 한번 확인했다. 눈에 보이진 않지만 그들이 가진 건강한 마음과 태도를 나는 너무 좋아하고, 오래 그것을 지켜보면서 그들을 사랑하게 되었다. 지쳐 쓰러져 늪에 깊이 잠겨 있을 때도 마음속에 담은 사랑으로, 삶이 주는 감동과 기쁨을 기억하고 일어나는 사람들. 자신에게 주어진 사랑 앞에 겸손하여 자신이 얻은 슬픔으로 자만하지 않고 그 마음을 갖기 위해 노력하는 사람들을 나는 아끼고 아름답게 여긴다. 이 질문을 다른 친구에게 또 한다면, 나는 또 이 답을 듣게 될 것을 안다. 삶은 괴롭지만 그래서 더 사랑할 수 있고, 그럴 수 있는 건강함에 빛이 나는 사람들 곁에 있음이 감사하다.

나이 먹는 것을 자연스럽게 받아들이는 것과 자신을 긍정하는 것은 비슷한 일 같다. 완벽한 나를 사랑하는 게 아니라 완벽하지 못하기에 해낼 수 있는 일들을 사랑하는 마음이 그렇다. 나는 나이 먹기를 별로 좋아하지 않는 사람이지만, 그 마음까지 담긴 나의 삶을 무척 좋아한다. 지금까지 그랬듯 기쁨도 슬픔도 무척이나 해볼 만한 것이고, 새로움과 익숙함에 감동하고 즐거워하던 그 마음이 계속해서 찾아올 것을 안다. 나에게서 좋아하는 점은 삶을 기꺼워할 줄 아는 것. 불안이나 긴장 속에서도 나를 잃지 않는 것.

당신의 집은 어디인가요?

포르투갈 여행 중에 들었던 얘기 같은데, 과거 유럽 어느 나라에서는 창의 크기와 개수에 따라 세금을 달리 냈다고 한다. 이 짧은, 이야기랄 것도 아닌 한 문장짜리 정보를 나는 좋아한다.

천장과 벽, 바닥으로 분명하게 구획 지어진 계약서상의 조건만이 집의 전부는 아니다. 나라는 인간을 말할 때 그저 태어나서 내가 된 것이 아니라, 내가 누구의 친구인지, 어떤 경험을 한 사람인지, 어떤 가정에서 자랐는지 이야기할 필요가 있는 것처럼, 집도 단순히 계약 면적뿐 아니라 그곳에 존재하기 때문에 달라질 수 있는 모든 것의 총체다. 나를 통해 볼 수 있고, 알 수 있는 것 역시 나이기 때문에.

언젠가 모델하우스를 둘러보는 영상에서 한 출연자가 모델하우스만 보면 주변 환경을 간과하기 쉽다고 말했다. 창밖으로 계절이 바뀌는 모습, 햇살이 들고 나는 시간의 흐름, 창을 열면 집으로 어떤 소리가 들어오는 지와 귀갓길에 보는 것, 냄새, 집 근처 가게들, 다양한 연령대의 활기차고 여유로운 표정을 가진 사람들, 동네의 생김새까지가 내가 사는 집을 설명한다. 굳이 연고도 없는 성북동에서 자취를 시작해 삼 년째 사는 이유 중 하나는 이 동네 전체가 분명 나의 집이라고 여기기 때문이다.

나는 항상 내가 사는 곳을 사랑해 왔다. 10대 학창 시절을 보내며 20년 넘게 살았던 동네, 처음으로 그 동네를 벗어나 4년 동안 통학한 대학 동네, 교환학생으로 6개월 동안 머물렀던 바닷가 옆 동네와 지금 사는 이곳. 그 장소들이 가진 특징은 언제나 사랑할 만한 것이었고, 그 동네의 여유로움이

나 자연 환경 같은 것은 내 삶의 방식이나 태도가 되기도 했다. 그들이 절대적으로 좋은 곳이어서가 아니라, 그 장소들의 사랑할 만한 구석을 발견하는 것이 오롯이 내 몫이었기 때문이다. 이옥섭 감독은 누군가가 마음에 안 들고 미울 때 자기 영화에 등장하는 인물이라고 생각한다고 말했다. 그러면 그 사람이 가진 이야기가 이해 가고 사랑스럽게 보인다고. 사실 무언가를 좋아하기 위해서는 그가 가진 이야기를 배워야 하고 나는 그것을 찾아내서 늘 우리 동네로 친구들을 초대해 들려줬다.

미술관과 갤러리들, 언제든 찾을 수 있는 좋은 카페와 한산한 거리, 넓은 인도, 성곽길을 따라 산책할 수 있는 북악산, 덕분에 낮은 건물들, 길상사, 삼청동과 북악스카이웨이로 이어지는 푸른 산길, 집으로 오는 길에 늘 보는 경복궁, 창덕궁, 창경궁, 현관문을 열면 보이는 남산타워, 동네 초입의 지하철역까지 나오면 시작하는 성북천, 친구들이 오면 늘 데려가는 단골 가게들.

집으로 들어가는 길에 보이는 북한산은

동네를 꼭 안고 있는 것 같다. 스쿠터를 타고 넓은 도로 끝 북한산을 향해 달리면 내내 무표정이었던 얼굴에 미소가 번진다. 작은 동네에 어울리지 않는 넓은 4차선 도로는 늘 한산하고, 도로만큼 넓은 인도에서 동네 사람들은 노상에 깔린 테이블에 앉아 맥주를 마신다. 놀이터는 없지만 아이들은 서로를 놀이 삼아 뛰논다. 바깥나들이 하기 좋은 계절엔 동네 축제가 열린다. 통제된 500미터 거리 도로를 가득 채운 행사 부스들 사이를 걸으며 나는 이 동네가 축제에 환장한 것이 분명하다고 생각하곤 하는데, 동시에 이곳에서 자라는 아이들을 부러워한다.

일본 애니메이션을 보면 종종 지역 축제가 열리는 모습이 나온다. 주인공인 학생들이 삼삼오오 전통의상을 입고 모여 축제로 향하고, 영상으로부터 따듯한 분위기가 퍼진다. 전통적이고 화려하진 않을지라도 마을에서 열리는 행사를 겪으면서 자란 아이들에게는 당연한 삶의 모습이 다르지 않을까. 함께 살아가고 있음을 느끼고, 우리가 사는 공동체를 아끼고 문화를 지켜나가고, 집 밖으로 나와 내가 사는 동네의 역사를 이해하고 새롭게 느낄 여지를 만드는 것이 당연한 삶의 일부분이 되어 주변을 더 따듯한 시선으로 바라보는 사람이 될 수 있지 않을까 기대하는 것이다.

좋은 곳에 사는 것이 좋은 사람으로 사는 데 필요한 요소라고 나는 믿는다. 매일의 일상에서 보고 듣고 느끼는 것을 사랑할 수 있는 곳에 사는 사람이 건강한 마음과 시선으로 삶을 바라볼 것이라고 생각하기는 어렵지 않다. 친구들이 사는 곳이 궁금하다. 그곳에서 무엇을 제일 좋아하는지, 어떤 추억이 있는지, 어떤 거리를 걷는지, 어떤 풍경을 보며 사는지.

무언가를 좋아하기 위해서는
그가 가진 이야기를 배워야 하고
나는 그것을 찾아내서
늘 친구들에게 들려줬다.

나라면 하지 않을 일

　스물두 살, 롯데월드에서 처음으로 바이킹을 탔다. 첫 경험의 아찔한 추억은 어땠나. 나는 바이킹 한 가운데 앉아 눈물을 콸콸 쏟아냈다. 내가 눈물을 흘리는 게 아니라 마치 눈물이 인격이 있어 바깥으로 나오는 것 같았다. 눈물은 바이킹의 진자 운동이 멈출 때까지 그치지 않았다. 문제가 없다는 걸 알면서도 내장 기관이 다 내려앉고 온몸이 거부하는 느낌. 공포란 왈칵 다가오는 것이다.
　　십 년 만에 두 번째 바이킹을 탄 곳은 조악한 놀이기구가 모여있는 제천 의림지 테마파크였다. 어린이를 위한 작은 기구들만 버려진 것처럼 낡아 옹기종기 모인 곳. 닳고 닳은 서커스단 같은 모습을 한 이곳이 저 기구들의 첫 일터는 아닐 거라는 생각을 어렴풋이 한다. 제천 여행의 본격적인 첫 일정은 의림지의 용추폭포를 보는 것이었다. 익숙한 동네 호숫가 같은 길을 지나는 동안은 괜히 왔나 싶었는데, 무척 깊은 계곡의 폭포 바로 위 만들어진 다리에 서니 가벼운 고소공포증이 느껴졌다. 기대치 않은 짜릿함에 잘 왔다며 의림지를 나서다가 들어오면서 대수롭지 않게 지나쳤던 의림지파크랜드에 들렀다. 오래된 바닷가 테마파크 같은 외양에서 일본 오키나와 느낌이 들어 사진을 찍고 야구공 날아오는 기계도 해보고 어린아이들이 크고 작은 바이킹들을 열심히 타는 걸 구경하다가 괜한 호기심이 고개를 들었다. 그건 아마 용추폭포 위에서 느낀 얼마간의 옅은 짜릿함 때문일 것이다. 그런 사소한 성공에서 오는 무지몽매한 용기 말이다.

재미로 나를 부추기는 친구 곁에서 나는 진지하게 고민했다. 롯데월드 바이킹과 비교하면 회

전 각도는 비슷하지만 크기가 삼분의 일 정도밖에 안 되어 보였다. 바이킹이 몇 번쯤 시작하고 멈추기를 반복하는 걸 지켜보다가 티켓을 한 장 끊고, 마지막으로 다른 사람들이 타는 것을 한 번 더 지켜봤다. 아무도 놀이기구를 타기 위해 줄을 서지 않았고, 이 작은 바이킹에 놀이공원의 모든 사람을 태울 수 있을 만큼 주변은 한산했다. 3분. 180초 동안 움직인다고 하니 시작할 때부터 180초를 세면 되는 거다. 노래 한 곡도 채 다 듣지 못하는 짧은 시간. 그래, 눈 딱 감고 180초를 세면 다 끝나있을 거다. 친구는 나를 영상으로 찍겠다며 내 맞은편에 앉았다.

우리는 가장 먼저 자리 잡고 바이킹이 움직이기를 기다렸다. 줄 선 사람이 없으니 기사는 몇 번쯤 바이킹을 탈 사람은 지금 바로 오라는 방송을 했다. 그때 우리 전에 바이킹을 탔던 얼굴이 하얗게 질린 남자가 우리를 불안한 눈빛으로 쳐다보고 있었다고 친구는 후에 말했다. 기사는 중간에 절대 멈춰줄 수 없으니 무서운 사람은 지금 내리라고 두 번 말했다. 또 본인 토는 본인이 치워야 한다고도 했다.

나는 '사람들이 이 바이킹을 타고 토를 하기도 하는구나.' 생각했다. 괜히 탄 것 같지만 안전바는 이미 내려왔고, 무사히 운행하는 것도 몇 번이나 봤고, 토하는 사람도 없었다. 화장실도 다녀왔고, 준비는 끝났다.

바이킹이 덜컥 움직였다. 친구는 말간 얼굴로 기대감에 찬 소리를 내었는데, 얼마간은 내 긴장을 풀어주려는 것처럼 들렸다. 카메라를 들고 내 이름을 부르는 친구. 꺄르륵 웃는 친구. 파란 청재킷을 입고 구불거리는 머리를 천천히 바람에 날리는 친구. 그 뒤로 보이는 하늘과 다시 그 뒤로 보이는 바이킹 기계의 속살, 다시 하늘, 이번에는 조금 더 많이 보이는 바이킹 기계의 낡은 속살. 그리고 암전. 이걸 다시 복기하는데 현기증이 난다. 허공에 매달려 바라보는 바이킹 기계의 낡은 속살을 보는 일은 이 순간을 더 무섭게 만들 뿐이어서 나는 눈을 감았다. 바람이 거셌다. 눈을 감아도 뜬 것처럼 아까 슬쩍 봤던 기계의 낡은 속살이 보였다. 아득한 하늘도 보였다. 이제 속도를 올린다는 기사님의 말을 들었을 때 난 이미 눈도 못 뜨는 상태였는데, 온몸에 힘을 꽉 준 채로 오른 무릎을 앞 의자 등받이에 딱 붙이고 몸을 고정했다. 내렸을 때 바지 오른편에 새로운 주름이 잡혀있었다.

      백팔십 초를 세겠다는 내 생각은 너무 호기로웠다. 아무 생각이 안 났다. 그만 타고 싶다는 생각조차 거의 못 했다. 눈을 뜨고 싶은데, 자꾸만 눈꺼풀이 저절로 닫혔다. 10년 전 눈물이 자기 맘대로 흐른 것처럼 눈꺼풀도 나의 통제를 벗어나 자꾸만 꽉 감겼다. 손에 땀이 나서 손잡이의 쇠냄새가 풍겼다. 그 냄새 사이로 기사님이 방송하는 소리가 들렸다. 한 번은, "자, 오른쪽 만세~.", "이번엔 왼쪽 만세~.", "만세 안 하면 계속 탈 거예요~." 공포로 흠뻑 젖은 뇌가 제 기능을 할 리 만무해서 나는 어처구니없게도 왼손을 살짝 들어 올리려고 시도했는데, 그게 얼마나 미흡했는지는 친구의 영상에서 볼 수 있다. 친구는 그때 기사님이 사람들이 손을 드는지 정말 확인하고 있었다고 말해주었다.

      겁쟁이는 바이킹 무용담을 삼 일 내내 이

리저리 평가하고 신기해한 것도 모자라 여행이 끝난 뒤에도 이렇게 글을 써서 놀라운 경험에 먼지가 앉지 않도록 닦아낸다. 그날 다리에 얼마나 힘을 줬는지 사흘 동안 근육통이 심했다. 바이킹을 타고는 얼마나 멀미가 심했는지, 순댓국을 절반도 못 먹었는데도 자꾸 텅 빈 트림이 나왔다. 억울한 것은 3분이라고 쓰여있었는데 친구의 영상은 4분이 넘는다. 만약에 잊지 않고 180초를 셌다면 기계가 망가졌는지 알고 울었을 것이다.

한 여행 채널에서 출연자가 말했다.

"의외의 것을 해봐야 좋은 경험을 하는 것 같아."

열린 마음으로 살려면 많은 용기가 필요하다. 특히 이상한 용기가 필요하다. 새로운 경험을 해야 넓은 세계를 볼 수 있다는 것과는 조금 다른 이야기다. 나라면 하지 않을 일, 나라면 어제도 오늘도 내일도 하지 않을 일이 갑자기 끌리는 이상한 일, 이상한 우연, 평소와 다른 길이 나에게 손짓할 때 그 손을 잡는다. 다시 바이킹을 탈 일은 없을 것이고,

바이킹을 타고 내가 느낀 건 기쁨이 아니라 괴로움이었지만, 의외이기도 했다. 그래, 나 자신에게 의외이고 놀라운 구석이 없다면 내가 나인 게 좀 덜 좋지 않을까. 신비로운 것도 매력이라는데, 그런 의외성이 나로 사는 것을 즐겁게 한다. 나라면 하지 않을 일이 가끔은 내가 어떤 사람인지, 나의 경계가 어디쯤인지 문득 깨닫게도 하고.

열린 마음으로 살려면
많은 용기가 필요하다.

특히, 이상한 용기가 필요하다.

나에게 없는 것을 그리워하는

언제나 집을 그리워하고, 집이 아닌 곳 역시 그리워합니다. 인간은 "이곳이 아닌 곳"이라면 더 나을 거라고 생각한다는 것처럼, 집에서는 잘되지 않는 것을 할 수 있는 곳이 있다고 믿게 됩니다. 어떤 휴식, 어떤 삶의 패턴, 어떤 생각, 어떤… 일상을 얻고 싶을 때요.

다음 날 오랜만에 고향에 내려간다는 친구 집에 방문했습니다. 부모님과 멀리 떨어져 살지 않는 저는 가까운 것치곤 자주 찾아가지 않지만, 그리움이 쌓이기에는 부족할 정도로 자주 갑니다. 고향에 내려가는 친구를 부러워합니다. 떠나는 기분을 얻고 일상과 단절하는 과정을 겪고 싶은 것 같다고 친구에게 말합니다.

어딘가로 떠날 땐 책 읽는 시간을 가장 기대합니다. 짐을 쌀 때도 책을 먼저 골라두고, 여행지에 책방이 있는지도 검색해 둡니다. 일상에서 책 읽는 시간을 내는 건 아무래도 쉽지 않습니다. 물리적인 시간이 문제가 아니라, 책을 대체하는 것이 너무 많은 것이 탈입니다. 스마트폰 사용량, 영상물 시청, 신경 쓰이는 업무들, 온전한 쉼의 부족 같은 이유로 책은 후순위가 되고, 게으름과 도파민에 중독되어 좋아하는 것조차 하지 않는 내가 한심해집니다.

친구의 고향행을 부러워하다가, 그날은 갑작스러운 눈비로 스쿠터를 타고 돌아가기 어려울 것 같아 친구 집에서 하룻밤 신세를 졌습니다. 아침에 친구보다 일찍 일어나서 할 것도 없고, 방 밖에서는 불친절한 강아지가 왕왕 짖을 뿐이라 손님방에 있던 책을 읽기 시작했습니다.

특정 주제에 대한 에세이였고, 두껍지 않

아 한 시간 정도 걸려 다 읽었습니다. 마침 바깥에서도 슬슬 친구가 움직이는 소리가 들렸습니다. 침대에 누워 책을 한달음에 읽으며 안정감을 느낍니다. 독서는 요가와 비슷한 것 같습니다. 비교적 정적이지만 분명한 동작 속에서 자신을 향한 명상을 하는 것. 유지하기 위해 힘을 들이느라 몸이 살살 달아오르지만, 어느 순간 나로부터 가장 가까운 무아에 이르는 것. 어떤 대상과의 사이를 가로막는 것이 존재하지 않는 상태. 그 기분을 그대로 밀어붙여 그날부터 하루 한 권 이상의 책을 읽었습니다. 두꺼운 책은 이틀에 나누어 읽고요.

　　　　　일상에서 시작하기 어려운 것들이 있습니다. 자주, 오래 앉은 의자는 쿠션이 천천히 죽습니다. 엉덩이 모양대로 자국이 나고, 어느덧 그 자리 그대로만 앉게 됩니다. 익숙하게 나 있는 길로 걷게 되듯이요. 새로운 길을 내는 데에는 시간이 걸리니까요. 자꾸 이곳이 아닌 곳을 그리워하게 되는 이유는, 관성의 힘으로 이루어지는 것 말고도 하고 싶은 것이 있는데, 그것을 하려면 새로운 힘이 필요하기 때문입니다. 또 다른 동력을 만들기 위해 다른 공간이 가진 힘을 끌어와야 해요.

　　　　머무르는 세계에는 규칙이 있고, 규칙은 관성을 만들고, 그 관성은 아늑함과 평안을 줍니다. 그렇게 그 세계가 잃어버린 힘을 다시 채우기 위해 다른 곳으로 가고 싶은 게 아닐까요. 집을 나서 카페에 가고, 전시를 보고, 여행을 가고, 이곳에서 할 수도 있었지만 왜인지 안되던 것을 그곳에서 시작해 이곳에 다시 가져오는 것. 여행을 떠나는 것이, 다른 곳에 가는 것이 삶을 바꾸리란, 어제의 나를 해결해 주리라는 막연한 희망보다는, 나에게 결여된 힘을 명확히 이해하고 다른 곳으로부터 빌리고자 하는 마음이 그리움의 근원이 아닐까 합니다.

　　　　무언가 시작하는 것이 어려울 때, 자리를 옮겨 그 공간의 힘을 빌리면 어떨까요. 저는 책 읽는 시간을 늘 그리워합니다. 언제든 할 수 있는 것은 언제나 가장 멀리 있는 것만 같아요. 그래서 다른 장소에 가면 책을 읽습니다. 지하철을 탈 때, 여행지에서, 카페에서, 그리고 다른 사람의 집에서요.

존재에 귀를 기울이면

SNS에는 주로 목적을 가지고 들어갑니다. 일과 관련해 어떤 정보를 게시하거나, 이미 알고 있는 무언가를 확인하거나 찾아보기 위해서요. 하지만 막상 하려던 일은 잊고 생각 없이 피드를 올리고, 넘어가고, 어딘가로 연결되고, 넘어오고를 반복하다가 문득 정신을 차리고 SNS에서 빠져나오면, '내가 이걸 왜 들어갔더라' 그제야 이유를 생각합니다. 인스타그램이 보여주는 별천지에 시선을 빼앗기고, 생각마저 잃고나면 무언가에 홀렸던 기분이 됩니다.

어떤 이들은 나와 상관 없는 것에도 궁금

증을 갖게 하는 방법을 알고 있습니다. 짧고 강력한 도파민을 제공하고, 인간 심리를 쉽사리 구슬립니다. 혹은 유용한 정보가 등장하고, 그 게시물을 누르거나, 그곳에 오래 체류하면 알고리즘은 계속해서 저를 그런 정보들에 데려다 줍니다. 저는 계속해서 휴대폰 화면을 캡쳐 하거나, 게시물을 저장하고, 어딘가로 공유합니다. 무슨무슨 청년 지원금, 여성 건강검진 바우처, 이번달부터 시행되는 정부 혜택, 부동산 정보, 어느 브래지어 유목민의 간증 글, 블랙헤드 없애는 법, 일정이 얼마 남지 않은 프로젝트 공모… 열심히 긁어모은 많은 정보는 웬만하면 다시 빛을 보는 경우가 없습니다.

가끔은 스크린샷, 저장된 게시물, 나와의 카톡에 공유해둔 자료를 몰아서 확인합니다. 많은 것이 이미 일정이 지나갔고, 더이상 유효하지 않습니다. 사실 나에게 중요하지 않은 정보였다는 뜻이기도 하고, 중요한 것을 놓쳤다는 뜻이기도 하며, 내가 이런 정보들을 받아들일 준비가 되지 않은 상태로 계속해서 소비만 하고 있다는 뜻이기도 합니다.

자극적인 문구나 이미지들은 내가 필요하다고 생각하지 않았던 것들을 필요로 하게 만듭니다. 무언가를 놓치고 있다는 생각이 들게 하고, 나만 이런 걸 몰라서는 안되니 인터넷, SNS를 그만두기 어렵다고 느낍니다.

쉽게 웃음과 슬픔, 감동, 놀라움, 효율을 주는 인스턴트 정보들은 예상치 못하게 다가와 저를 현혹했다가, 금세 사라집니다. 빠르게 올라가는 피드와 빠른 결말을 갈구하게 만드는 도파민에 집중력을 잃은지 오랩니다. 타인의 상황도 그리 다르지는 않아 보입니다. 퇴근 후에 늘어져서 스마트 티비로 유튜브를 보는 시간이 늘어가고, 릴스를 보다가 잠드는 날이 많아진 배우자.

여기에서 벗어날 수 있을까요?

저녁에 배우자와 밥을 먹을 때면 식탁 같은 쪽에 앉아 반대편엔 재밌는 콘텐츠를 틀어두곤 했습니다. 야구 경기, 영화, 드라마, 뉴스 같은 것들이 우리를 즐겁게 하고 피로를 풀어준다고 생각하면서요. 하지만 대부분의 영상 콘텐츠는 우리를 긴장하게 만듭니다. 꼬리에 꼬리를 무는 콘텐츠들을 멈추는 일을 잊고, 뇌는 휴식을 취하지 못합니다. 운이 아주 좋은 때면 이런 상황에 의문을 품는 순간이 찾아옵니다. 저는 이 상황에서 벗어나고자 배우자에게 우리 밥을 먹을 때 마주 앉자고 제안했습니다.

  물질인 저는 물질의 세계에 살고 싶은 것 같습니다. 실재 하는 상대와 마주 앉아 대화를 나눌 때, 비로소 절대적인 시간이 흐르고 있음을 느낍니다. 빨리 가지도 느리지도 않은 시간이. 비교 없는 시간이, 오로지 나와 존재하는 것들로 채워진 시간이 나를 증명해줍니다.

  존재하는 것에 귀를 기울입니다. 하루종일 음악을 듣지 않고, 선풍기 소리, 창 밖의 소음이 주는 속도감에 익숙해져 봅니다. 눈 앞에 존재하는 것, 만질 수 있고 냄새가 있고 오감으로 느껴지는 것들에 집중합니다. 디지털 세상에 푹 빠져있을 때는 자리에서 일어나 중력과 마찰의 저항을 느낍니다. 몸을 움직여 존재감을 다시 익힙니다. 살아있음. 존재함. 이 유일한 기분.

송재은

행복과 불행을 잘 아는 사람이 되고 싶다. 그리하여 타인의 행복과 불행에 깊이 공감할 수 있다면 좋겠다. 삶에 가진 두려움이 삶을 사랑하고 싶은 마음의 크기와 비슷하다고 생각한다.

1992년 서울에서 태어났다. 에세이 <일일 다정함 권장량>, <사랑과 두려움에 대하여>, <망각과 영원에 대하여> 등, 소설 <송이송이 따다 드리리(공저)>, <파랑을 가로질러(공저)> 등을 썼다. 글 쓰는 일이라면 무엇이든 하고 있다.

slow2nough@gmail.com

적당한 행복
적절한 불행

Copyright ⓒ 2025 송재은

글

송재은

초판 1쇄 펴냄 **2025년 10월 31일**

편집과 디자인 **송재은**

펴낸곳 **임시보관소**
이메일 **project_imsi@naver.com**
인스타그램 **@project_imsi**
출판 등록 **2024년 1월 22일 제25100-2024-010호**

ISBN **979-11-986424-6-2(03810)**

* 이 책의 내용의 전부 또는 일부를 재사용 하려면
펴낸 곳을 통한 저작자의 동의를 받아야 합니다.